Englisch meistern

Das Handbuch für Englisch in der Oberstufe

Pavisanth Pathmarajah

Englisch meistern – Das Handbuch für die Oberstufe

Impressum

Pavisanth Pathmarajah

Gundelhardtstr. 2

65779 Kelkheim

Deutschland

INHALT

Englisch meistern – Das Handbuch für die Oberstufe

Teil 1

Umfassende Vorbereitung für alle mündlichen Prüfungen

VORWORT

"The pessimist sees difficulty in every opportunity. The optimist sees the opportunity in every difficulty." - ***Winston Churchill***

In Zeiten der Globalisierung ist das Erlernen von Fremdsprachen von essenzieller Bedeutung und immer mehr Bundesländer legen Wert auf den Ausbau der sprachlichen Kompetenzen von Schülern und Schülerinnen. Aus diesem Grund ist eine Kommunikationsprüfung meistens in der Oberstufe verpflichtend und der Großteil der Nichtmuttersprachler sträubt sich dagegen - völlig zu Unrecht. Dieses Buch dient dazu, den Irrglauben, dass man lediglich als Muttersprachler oder nach längerem Auslandsaufenthalt von der englischen Sprache auf hohem Niveau Gebrauch machen könne, als bloße Ausrede für die eigene Untätigkeit zu enttarnen. Es ist nur eine Frage deiner Motivation, Disziplin und Willenskraft, ob du dein Englisch auf eine neue Stufe bringen kannst – mit der Zeit wird sich dein Erfolg potenzieren.

Woher ich das weiß? Die Tipps, die ich meinen Freunden und Nachhilfeschülern gab, halfen ihnen nicht nur, ihre Noten zu verbessern, sondern – viel wichtiger – ihnen den Spaß an der Sprache zu ermöglichen. Mein Wissen bezog ich im Rahmen von außerschulischen Sprachkursen und Seminaren, welche mir halfen, auf internationalen Events Kontakte zu regelrechten Experten der Fremdsprachen zu knüpfen. Mit diesem Vorwissen habe ich mir meine eigene Strategie zurechtgeschnitten – mit Erfolg, denn somit erhielt ich in den Fächern Deutsch, Französisch und Englisch 15 Punkte (1+) auf mein Abiturzeugnis.

Das Buch richtet sich an Schüler und Schülerinnen, die entweder im Begriff sind, in die Oberstufe einzutreten oder wenige Monate vor der Abiturprüfung stehen. Was das Vorwissen betrifft, solltest du bereits die wichtigsten Grammatik-Regeln verinnerlicht haben und dich bereits auf einfachem Niveau verständigen können. Ich kann dir zwei Dinge garantieren:

1.) Wenn du das Buch komplett durchliest, es zur Seite legst und dich darüber beschwerst, dass dein Englisch immer noch nicht perfekt ist, dann wirst du nie dein Englisch verbessern können.

2.) Wenn du die Tipps verinnerlichst und diese täglich anwendest, kann ich dir garantieren, dass dir und deinem Ziel nichts mehr im Wege stehen wird. Wo ein Wille ist, ist auch ein Weg.

Diese Tipps kann man nicht als Schatztruhe des perfekten Englischs betrachten. Sie sind eher Laternen, die dir den harten Weg, der nun vor dir steht, erhellen werden. Das erleichtert natürlich deine Reise erheblich, allerdings musst du den härtesten Teil der Arbeit machen, nämlich den ersten Schritt wagen und deinen Weg konsequent durchziehen. Dieses Buch besteht aus drei Teilen, die dich nicht nur auf mündliche und schriftliche Prüfungen vorbereiten, sondern auch inhaltliche Informationen zu den wichtigsten Themen im Fach Englisch in der Oberstufe liefern. Zusätzlich erhältst du Vokabeln und Zitate, die du in deinen Prüfungen einarbeiten kannst, um deinen Lehrern zu zeigen, dass du die sehr gute Note verdient hast. Du wirst im Laufe der Oberstufe diese Methoden perfektionieren und sogar Techniken finden, die mir unbekannt sind. Schreibe diese Tipps als Notizen in dieses Buch auf und teile diese mit deinen Freunden. In den letzten Seiten dieses Buches kannst du stichpunktartig deine persönlichen Strategien notieren. Das Buch ist lediglich eine Hilfe zur Selbsthilfe. Im Laufe der Zeit wirst du basierend auf diesem Buch eigene Techniken und Methoden erarbeiten, die perfekt auf dich zugeschnitten sind.

Without further ado, let's get started!

„Die Bildung kommt nicht vom Lesen, sondern vom das Nachdenken über das Gelesene.“

~ Carl Hilty

WIE VERBESSERE ICH MEIN ENGLISCH?

Bevor wir uns konkreten Verbesserungsmethoden für das mündliche Abitur, für die Kommunikationsprüfung und Referaten widmen, müssen wir erst einmal generelle Lernstrategien erarbeiten. Diese Strategien ermöglichen es dir, jede Fremdsprache, die du in der Schule unterrichtet bekommst, spielend leicht zu meistern.

Je mehr Zeit du bis zu deiner Prüfung hast, desto effektiver sind die Strategien, denn diese sind danach ausgerichtet, langfristigen Erfolg zu erzielen. In der Unter- und Mittelstufe haben dir die Lehrer die Bascis beigebracht – thematische Vokabeln, Grammatik und Verbkonjugationen. Solltest du die meisten Grammatik-Lektionen, die du damals gelernt hast, bereits vergessen haben, dann musst du auf jeden Fall die wichtigsten Regeln wiederholen. Diese wären:

- Zeitformen (Auslöser, Verwendung und Zweck)
- If-Clauses
- Gerundium und Infinitiv
- Partizipien
- Passiv
- Phrasal verbs
- Präpositionen
- Modalverben

Hilfreiche Übungen und Erklärungen findest du im Internet. Ich empfehle dir, eine übersichtliche Tabelle anzulegen, in der alle Zeitformen aufgeführt sind. Das ist das Grundgerüst, das du benötigst, um allmählich dein Englisch zu verbessern. Es gibt drei Säulen, die du beherrschen und auf die du besonders achten solltest, um dein Englisch auf ein höheres Level zu bringen.

MINDSET

"Es ist nicht zu wenig Zeit, die wir haben, sondern es ist zu viel Zeit, die wir nicht nutzen" -
Lucius Annaeus Seneca

Viele Schüler und Schülerinnen glauben, dass es für sie nach dem Eintritt in die Oberstufe bereits zu spät sei, ihr Englisch grundlegend zu verbessern und finden sich damit ab, dass der Unterricht der ehemaligen Lehrer einfach nicht aufschlussreich war. Wahrscheinlich sind diese Schüler resigniert und verfluchen den Englischunterricht.

Die Tatsache, dass du dir dieses Buch gekauft hast, beweist, dass du Initiative zeigen kannst und das Ziel hast, dein Englisch auf ein höheres Level zu bringen. Vielleicht kannst du dich mit den oben genannten Schülern identifizieren und siehst dich gezwungen, dich mit der englischen Sprache in deiner Freizeit zu beschäftigen, nur um ein gutes Abitur zu machen. Doch zum Lernen gezwungen zu werden wird sicherlich keine Früchte tragen. Ich würde sogar sagen, dass diese Art zu lernen eher kontraproduktiv ist, denn ein großer Fehlschlag (z.B. eine schlechte Note in der Klausur) kann schon dafür sorgen, dass du deine Pläne und Ziele aufgibst. Wenn du allerdings aus innerer Überzeugung lernst, dann wird jeder Fehlschlag dich noch entschlossener machen, dein Ziel zu erreichen. Es gibt viele gute Gründe eine Fremdsprache zu lernen und nur deine persönlichen Motive ermöglichen dir die Freude nach jedem kleinen Erfolg. Genau diese Freude stellt deinen Antrieb dar – du willst immer mehr erreichen. Um dein volles Potential auszuschöpfen, ist es zwingend notwendig, dass du Spaß am Lernen hast.

Nehme dir ruhig zwei Minuten Zeit und überlege dir, warum genau, du Englisch lernen möchtest und was dies für Vorteile hat. Deine Motivation ist dein Motor – egal, ob du die Sprache lernen möchtest, um im

Ausland zu leben, um gebildet zu wirken, oder in einem erfolgreichen Unternehmen zu arbeiten – die Hauptsache ist, dass du ein starkes inneres Motiv hast.

Merke dir eines: Deine Lehrer sind nicht dafür verantwortlich, dass dein Englisch außerordentlich gut wird. Sie können nicht jeden Schüler bemuttern; der große Leistungsunterschied in einer Klasse lässt sich dadurch erklären, dass manche Schüler mehr und manche weniger abhängig vom Lehrer sind. Lehrer stellen eine Bezugsperson für dich dar und geben dir in Form von Klausuren ständiges Feedback zu deinem Leistungsstand. Diese helfen dir, dich auf deine typischen Fehler aufmerksam zu machen und vermitteln dir genug Grundkenntnisse, damit du eigenständig lernen kannst. Die eigentliche Arbeit liegt bei dir: Du musst dir deinen eigenen Schreibstil erarbeiten. Fehler sind menschlich, allerdings solltest du deine Fehler auch explizit korrigieren. Wer einen Fehler macht und diesen nicht verbessert, begeht einen zweiten. Du musst dir bewusstwerden, welche Art von Fehlern du ständig machst. Hast du inhaltlich

Punkte abgezogen bekommen, weil du nicht differenziert genug geschrieben hast oder machst du zu viele Rechtschreibfehler und versaust dir dadurch die stilistische Note?

Übernehme Verantwortung: Wenn du besser sein möchtest als der Durchschnitt, dann musst du das tun, was alle anderen nicht tun.

Ich weiß, es ist immer befremdlich, sich mit seinen Ängsten auseinanderzusetzen, aber wenn du dich verändern möchtest, ist es von großer Wichtigkeit, sich mit diesen zu beschäftigen. Schwierige Zeiten machen dich zu der Person, die du gerade bist. Schrecke nicht vor Hindernissen zurück - du hast nichts zu verlieren. Deine negativen Glaubenssätze hindern dich daran, deine Ziele zu erreichen. Es sind Sätze wie "Meine Aussprache ist zu schlecht", die dafür verantwortlich sind, dass du dich nicht vollständig entfalten konntest.

Die meisten Deutschen haben Schwierigkeiten mit der Aussprache des Artikels "The" und sehen dies als Grund dafür, ihr Englisch als schlecht abzustempeln.

Du darfst allerdings diesen Umstand nicht akzeptieren und musst konkret an deinen Schwächen arbeiten, anstatt diese als unveränderlich anzusehen. Du wirst erstaunt sein, wie viele gute Leistungen du erbringen kannst, wenn du dein Mindset veränderst. Das größte Hindernis bist du selbst – deine Selbstzweifel sorgen dafür, dass du nie über dich hinauswächst. Manchmal ist es ratsam, den Kopf auszuschalten und einfach zu machen. Wie du deine Aussprache verbesserst, erfährst du noch im weiteren Verlauf des Buches.

Finde deine negativen Glaubenssätze heraus und finde Wege, diese zu beseitigen. Hole dir Hilfe von erfahreneren Personen oder suche auf YouTube passende Videos rund ums Thema Selbstvertrauen und Selbsterkenntnis aus. Du musst dich mit deinen Schwächen beschäftigen, um stärker zu werden.

PASSIVES LERNEN

"Es reicht nicht aus, einen gut funktionierenden Verstand zu haben; das Wichtigste ist, ihn auch gut zu nutzen" - ***René Descartes***

Als Schüler hat man immer viel um die Ohren – seien es Klausuren, Bewerbungsgespräche, Feiern oder Sport. In seiner Freizeit möchte man sich sehr ungern mit der Schule beschäftigen, deshalb sollte man konkret einteilen, wann man lernt und wann man entspannt. Nichtsdestotrotz glauben einige überambitionierte Schüler, dass es notwendig sei, auf Freizeit zu verzichten, um gute Noten zu schreiben. Diese Schüler liegen meines Erachtens nach falsch - es gibt sogar Möglichkeiten beim Entspannen zu lernen (und in einigen seltenen Fällen sogar umgekehrt). Während der Schulzeit habe ich mir eine Methode zurechtgeschnitten, die mir half, mit wenig Zeitaufwand mein Englisch sukzessive zu verbessern.

Diese “entspannte” Art des Lernens nennt man im Fachjargon passives Lernen. Das Wort “passiv” hat oftmals eine negative Konnotation, jedoch gibt es de facto keine effektivere Methode, um langfristig sein Wissen zu potenzieren. Also was heißt nun “passives Lernen”? Es bedeutet schlichtweg, das Lernen als ein Nebenprodukt einer bestimmten Tätigkeit zu betrachten, also zu lernen, ohne dass du explizit deine volle Aufmerksam dem Lernen widmest. Es mag zwar kompliziert klingen, aber spätestens, wenn ich dir konkrete Beispiele gebe, die du in dein Alltag integrieren sollst, wirst du merken, dass es recht simpel ist.

Zunächst möchte ich dich fragen, wofür du dich interessierst, also wirklich leidenschaftlich brennst. Es ist einfacher, das passive Lernen mit Themen zu verbinden, die jemanden wirklich brennend interessieren. Über welches Thema könntest du dich stundenlang unterhalten? Für welche der folgenden Themenfelder interessierst du dich z.B.:

- Fußball

- Fashion
- Fitness
- Wissenschaft
- Technik
- Persönlichkeitsentwicklung

Egal, wofür du dich interessierst, du wirst garantiert etwas für dich finden. Beginnen wir mit deinem Schulweg. Im Durchschnitt dauert der Weg zur Schule zwischen zehn und fünfzehn Minuten. Ich bin mir sicher, du verbringst diese 15 Minuten damit, dass du Musik hörst - egal ob auf Spotify, Deezer oder illegal aus dem Internet. Musikhören lenkt dich ab vom Schulstress und du musst dich nicht langweilen beim Laufen oder Fahren. Diese Zeit jedoch kann sinnvoller genutzt werden, denn jede Minute, die du ins passive Lernen investieren kannst, wirkt sich auf längerer Sicht positiv auf deine Leistungen aus. Mit Hin- und Rückweg sind es ca. 30 Minuten täglich, die du optimieren kannst.

Diese Zeit kannst du sinnvoll nutzen, indem du englische Podcasts hörst über genau die Themen, die dich interessieren. Wenn du dich z.B. für Wissenschaft interessierst, kannst du einfach in die Suchleiste von Spotify "Artificial Intelligence" eingeben und dir eine Podcast-Folge anhören. Du denkst dir bestimmt, dass du nicht alles verstehen wirst – das musst du auch nicht, denn:

1. Du kannst dir einiges aus dem Sachzusammenhang erschließen
2. Du kannst wichtige Vokabeln nachschlagen und ein privates Vokabelhaft führen, um diese nicht zu vergessen
3. Aller Anfang ist schwer – du musst fürs Erste lediglich beginnen und die Macht der Gewohnheit regelt den Rest.

Das regelmäßige Hören der englischen Sprache, verbessert nicht nur deine Aussprache und dein Hörverständnis, sondern ermöglicht es dir, einen Wortschatz aufzubauen, der dir für die Prüfungen von großem Vorteil sein wird. Bei Hörbücher und Podcast-Interviews solltest du auf die Tonalität bzw. Betonung bestimmter Fragen und Antworten achten, also die Art und Weise wie diese Personen im Gespräch miteinander interagieren. Diese Gespräche können dir für die Kommunikationsprüfung sehr hilfreich sein. Schärfe dein Gehör und achte auf bestimmte Merkmale der Kommunikation und Rhetorik.

Ein individuelles Vokabelheft zu führen wird dir sehr nützlich sein. Viele Schüler sahen sich in der Mittelstufe gezwungen, stur Vokabeln in ein zweispaltiges Heft einzutragen und diese dann bis zum Erbrechen zu lernen. In der Oberstufe ist man froh, dass man in Klausuren Wörterbücher zur Verfügung gestellt bekommt und deshalb sehen viele Schüler keinen Grund, sich Vokabeln einzuprägen. Das Lernen von Vokabeln sollte dennoch von großer Bedeutung sein, da man nicht immer die Zeit zum Nachschlagen hat oder gar nicht erst in Erwägung zieht, dass ein bestimmtes Wort ein Synonym haben könnte. Dein privates Vokabelheft sollte von dir selbst initiiert sein – keiner schreibt dir vor, was du eintragen sollst und was nicht. Immer wenn du etwas Neues dazulernst, dann schreibe es in dein Heft, völlig egal ob ein Wort, eine Redewendung, ein Teilsatz oder ein ganzer Satz. In deiner Freizeit kannst du dir diese gerne ohne Zeitdruck einprägen.

Was machst du nach dem Schultag? Wahrscheinlich verbringst viel Zeit mit deinem Handy. Du scrollst durch deinen Instagram-Feed oder schaust Unterhaltungsvideos auf YouTube. Auch hier habe ich Tipps für dich parat. Entspannung ist wichtig im stressigen Schulalltag und deshalb ist es auch völlig legitim, dass du in deiner Freizeit eine Stunde auf YouTube verbringst. Allerdings kann man auch diese Tätigkeit optimieren, indem du zumindest an Wochentagen ausschließlich Videos auf Englisch schaust. Als Einstieg kannst du diese in den ersten Wochen mit deutschen oder englischen Untertiteln schauen. Hier ein paar Kanäle, um dich zu inspirieren:

- Persönlichkeitsentwicklung: After School, Proactive Thinker, Matt D'Avella, Video Advice, Improvement Pill
- Technik: Mrwhosetheboss

- Travel: Lostleblanc, NasDaily
- Schule: unjaded jade, oh no nina, Luke Birch, Ways to study, Ali Abdaal

Mit der Zeit wirst du selbst auf Kanäle stoßen und weil die YouTuber dir sympathisch erscheinen, schaust du gerne ihre Videos und die Sprache wird nebensächlich. Bei Netflix und YouTube hast du den Vorteil, dass dir die Gestikulation und die Mimik der Personen das Verständnis erleichtern. Du lernst dabei auch, wie du bestimmte Sätze mithilfe deiner Gestik unterstreichen kannst. Pro-Tipp: Wenn du Videos oder Serien mit Untertiteln schaust, dann führe ein Vokabelheft nebenbei und schreibe dir gängige Redewendungen von Muttersprachlern auf. Auch Umgangssprache kann in gewissen Situationen hilfreich sein.

Instagram ist auch ein sehr beliebtes Mittel, um dein Englisch zu verbessern. Du wirst erstaunt sein, wie viel man bei englischen Memes verstehen kann als Nichtmuttersprachler. Natürlich kannst du auch amerikanischen Seiten folgen, deren Content dir gefallen. Englische Zitate können auch sehr inspirierend sein und damit erweiterst du deinen Horizont. Je mehr Englisch du in deinen Alltag integrierst, desto einfacher erscheint dir die Sprache. Natürlich kannst du auch Facebook nutzen, um dein Englisch zu verbessern. Es gibt Englisch-Lerngruppen, in denen du dich mit anderen Aspiranten vernetzen kannst und neue Dinge lernen kannst. Diese geben dir Tipps und du bleibst ständig motiviert, zu lernen. Es ist für viele Menschen angenehmer, in einer Gruppe zu lernen. Suche dir am besten Freunde, mit denen du deine Vokabeln und Redewendungen austauschen kannst. Die anderen werden ihr Wissen höchstwahrscheinlich aus anderen Quellen beziehen, so sparst du dir viel Zeit, da du die Bücher, aus denen deine Freunde ihr Wissen bezogen haben, nicht mehr lesen musst und ihr mühsam zusammengetragenes Wissen innerhalb kürzester Zeit aneignen kannst. Du kannst selbstverständlich auch eine WhatsApp-Gruppe erstellen, in der ihr untereinander eure Redewendungen austauscht. Es müssen nicht ausschließlich Klassenkameraden sein, mit denen du dein Wissen austauschen kannst. Suche Freunde, die ggf. Älter oder sogar jünger sind als du, aber nicht weniger ambitioniert sind, ihr englisch zu verbessern.

Die App “Tandem” ermöglicht es dir, dich mit unzähligen Menschen auf der ganzen Welt, die deine Muttersprache lernen möchten, in Verbindung zu setzen. So schließt du Freundschaften und verbesserst dein Englisch. Wenn du in die Suchleiste den Namen der Stadt eingibst, in der du wohnst, kannst du auch Menschen, die Englisch als Muttersprache haben und ihr Deutsch verbessern möchten, persönlich treffen und spielend leicht Englisch lernen. Du kannst dich natürlich auch auf Skype unterhalten, wenn du dich mit Personen unterhältst, die nicht in deiner Gegend wohnen.

Am besten kann man durch das Lehren lernen. Helfe anderen Mitschülern oder jüngeren Geschwistern und du erlernst eine gewisse Fähigkeit, gängige Fehler zu erkennen und bist in der Lage, selbst diese zu vermeiden. Wenn du versuchst, anderen bestimmte Themen bzw. die Grammatik zu erklären, fällt es dir selbst auch leichter, diese zu verstehen. Auch wenn man in der Oberstufe keine "Grammatik-Aufgaben" mehr in Klausuren hat, ist es dennoch wichtig, dass du die wichtigsten Regeln im Kopf hast. Es wirkt sich auf jeden Fall positiv auf deinen Sprachstil aus, wenn du z.B. die If-Clauses beherrschst. Deshalb kannst du gerne mal Grammatikübungen machen, die für Siebtklässler gedacht sind. Die Lehrer freuen sich, dass du noch die Grammatikregeln beherrschst, die der Großteil deiner Mitschüler bereits vergessen hat.

So banal es auch klingen mag: Führe Selbstgespräche auf Englisch. Egal ob du den Dialog eines deutschen Filmes zeitgleich im Kopf übersetzt oder imaginäre Bewerbungsgespräche führst, jegliche Art von (imaginärer) englischer Konversation trägt dazu bei, dass du ein Faible für die Sprache entwickelst. Wenn du es dich traust, kannst du auch gerne laut vor dem Spiegel reden. Du wirst dich zunehmend wohler in der Sprache fühlen.

Finde Wörter, die du liebst. Mein absolutes Lieblingswort ist “appreciate”, genau deshalb verwende ich es so oft es geht. Bestimmt findest du auch raffiniertere Wörter, deren Aussprache du magst. Deine Aufgabe besteht lediglich darin, diese pfiffigen Wörter zu finden und in deinen Sprachgebrauch zu etablieren.

Was musst du nun tun:

- *Podcasts auf Spotify hören*
- *Englische YT-Videos / Netflix-Serien schauen*
- *Socialmedia mit englischem Content füllen*
- *Tandem-App verwenden*
- *Führe ein Vokabelheft*

AKTIVES LERNEN

Wenn du dachtest, dass das bisher Gelernte alles war, was du tun musst, um besser Englisch zu sprechen, dann muss ich dich leider enttäuschen. Aktives lernen ist ebenso wichtig wie passives, denn ebendieses beschleunigt den Lernprozess. Am besten eignet sich aktives Lernen in den Ferien, oder wenn die Klausurenphase vorbei ist und du genügend Zeit hast, dich mühseligeren Dingen zu widmen.

Wie gehen wir also vor? Das Wort "Buch" löst bei vielen Jugendlichen Übelkeit und Ekel hervor, deshalb meiden diese Wesen jegliche Form der schriftlichen Informationsvermittlung. Aber du bist keineswegs wie alle anderen. Du kennst den Wert der Bücher und nutzt diese gezielt, um dich weiterzuentwickeln. Wie gesagt, du musst das tun, was die anderen 99% nicht tun, um hervorzustechen. Im Laufe deiner Schullaufahn hast du sicherlich das ein oder andere englische Buch widerwillig gelesen. Wenn du deinen Ausdruck verbessern möchtest, dann kannst du das Lesen von englischen Büchern mit mehr als 200 Seiten nicht vermeiden. Wie kommst du an diese ran? Ich empfehle dir die Bücher gebraucht zu kaufen. Man kann sie auf Amazon gebraucht bestellen oder direkt auf Medimops und spart sich die Versandkosten. Diese Bücher kosten im Schnitt 2€ und diese Investition ist von unschätzbarem Wert. Es ist völlig egal, welches englische Buch du kaufst; ob Biografie oder Liebesroman.

Versuche diese Bücher so schnell wie möglich durchzulesen – viel mehr als auf den Inhalt des Buches, solltest du auf Vokabeln und Sätze, die deinen Ausdruck verbessern, achten. Markiere diese und trage sie in dein Vokabelheft ein. Ich habe zum Beispiel die englische Version der Biografie von Elon Musk innerhalb von 5 Tagen durchgelesen und mir die wichtigsten Vokabeln aufgeschrieben rund ums Thema Technik und habe viele Konnektoren gefunden, die ich für schriftliche Textproduktionen verwenden kann. Bei gewissen Büchern ist der Inhalt auch von großer Wichtigkeit, vor allem wenn das Thema des Buches (wenn auch entfernt) mit Themen aus dem Kerncurriculum deines Bundeslandes zusammenhängt. So war mir das Buch über Elon Musk in der mündlichen Abiturprüfung von großem Vorteil.

Eine kostenlose Alternative zu Büchern sind englische Zeitungsartikel. Du musst keine Zeitung kaufen – im Internet gibt es hunderttausende von kostenlosen Artikeln. Gebe einfach das Thema in die Google-Suchleiste ein, welches ihr gerade im Unterricht behandelt und wähle unten drunter die Option "News". (Beispiel: ihr behandelt gerade das Thema "Gene-edititng" - dann gibst du dieses Thema in die Suchleiste und suchst dir einen Artikel aus.) Ab hier kannst du gerne wie bei den Büchern vorgehen – einfach durchlesen und nebenbei neue Ausdrücke für dein Vokabelheft finden. Zeitungsartikel haben nicht nur den Vorteil, dass der Schreibstil formal und strukturiert ist, sodass du mithilfe dieser Mittel deine Klausuren optimieren kannst. Du bist immer auf dem neusten Stand, was dein jetziges Thema betrifft und kannst deine Klausuren und die mündliche Prüfung mit Angeber-Wissen füllen. Du kannst diese Artikel auch als Übung für deine Klausuren nutzen. So kannst du z.B. auch Artikel mit ca. 600 Wörtern schriftlich zusammenfassen. Du kannst dabei lernen, wie du unwichtige Informationen von wichtigen trennst und erwirbst die Fähigkeit, Texte schneller in eigenen Worten wiederzugeben, indem du Synonyme verwendest oder Oberbegriffe findest.

Um deinen Wortschatz aufzuwerten, solltest du besonders für Adjektive und Verben mehrere Synonyme suchen. Vor allem Verben, die du oft verwendest, musst du variieren. So kannst du anstatt ständig "to say" zu sagen, auch z.B. "to claim", "to assume", "to mention" und je nach Situation ein anderes Synonym verwenden. Suche dir Füllwörter heraus, die du verwenden kannst, um bei mündlichen Unterrichtsbeiträgen deine Sätze auszuschmücken. Wörter wie "gradually" oder "partly" kannst du immer mal in einer Konversation verwenden, was das Gesagte lebendiger erscheinen lässt.

Verwende die App "PONS" als dein Standardwörterbuch. Ich habe mit dieser App nur positive Erfahrungen gemacht und kann sie jedem weiterempfehlen. Mithilfe der Textübersetzung von

PONS solltest du gängige deutsche Ausdrücke ins Englische übersetzen und diese in dein persönliches Vokabelheft eintragen. Wenn du Begriffe wie “Im Laufe der Zeit” eingibst, dann spuckt der Übersetzer z.B. “in the course of Time” aus. Diese Satzstücke kannst du gut gebrauchen, denn sie lassen dich gebildet wirken. Über die Wortsuche kannst du ebenfalls Synonyme für bestimmte Wörter finden. Versuche für jedes Wort, das du häufig verwendest, mindestens drei Synonyme zu finden.

Schreibe so viele Texte, wie es geht. Am besten fragst du nach den Klausuren von Mitschülern, die bereits gut sind in Englisch und markierst raffinierte Ausdrücke und Sätze, die du später irgendwann verwenden könntest. Du musst allerdings auch eigene Texte schreiben und möglichst viele neue Ausdrücke einbauen. Solltest du beim Schreiben immer wieder die PONS-App verwenden, wirst du neue Begriffe erlernen, die du in dein Vokabelheft eintragen solltest. Prüfe bei jedem Wort, das du nachschlägst, ob es dafür Synonyme oder Antonyme gibt und notiere sie direkt in dein Vokabelheft.

Je nachdem wie viel Geld und Zeit du zur Verfügung hast, kannst du diese wertvollen Faktoren in Englischkursen investieren. Eine Möglichkeit wäre der Vorbereitungskurs für das Cambridge Certificate, der an den meisten Schulen angeboten wird. Er ist relativ kostengünstig und das Zertifikat wird dir im Laufe deiner beruflichen Karriere großen Nutzen bringen, denn das Zertifikat ist lebenslang gültig. Auf eigene Faust kannst du nach Ferienintensivkursen in deiner Nähe suchen. Dort wirst du mit max. 10 anderen Schülern meistens von einem Muttersprachler unterrichtet. Der Kurs wird deinen Leistungen entsprechend zugeschnitten und du kannst entscheiden, ob du z.B. den Fokus eher auf das freie Sprechen oder auf Grammatik legen möchtest. Du knüpfst Kontakte und gewöhnst dich allmählich daran, Unterhaltungen auf Englisch zu führen. Du begibst dich außerhalb deiner Komfortzone und erhältst wertvolle Tipps, was Diskussionen auf Englisch angeht, die du in der Schule nicht beigebracht bekommst. Lange Unterhaltungen auf

Englisch kannst du im normalen Schulunterricht nicht führen, da der Unterricht auf maximal zwei Stunden am Stück begrenzt ist – also werden die Schüler nicht individuell gefördert. In Anbetracht dieser Tatsache, ist es also durchaus sinnvoll, einen Englischkurs zu belegen, auch wenn er bis zu 300 Euro kosten wird. Es gibt auch Sprachreisen, die allerdings teilweise zwischen 500 und 1500€ kosten. Hierbei verbringst du mit gleichaltrigen Personen mind. 1 Woche im Ausland und erhältst Sprachunterricht. Wenn du sowieso gerne reist, kannst du ja deine Reise mit einem Sprachkurs verbinden. Es gibt online genügend Anbieter, informiere dich am besten darüber, wenn es dich interessieren sollte.

Übung macht den Meister. Wenn es jetzt dein Ziel ist, akzentfrei zu sprechen oder einen sicheren Wortschatz aufzubauen, dann musst du zwangsläufig das auch gezielt üben. Viel sprechen und viel zuhören lautet die Devise.

Was musst du nun tun:

- *Engl. Bücher gezielt lesen*
- *Sprachkurse und Zertifikate*
- *Viel Reden und zu Hören*
- *Zusammenarbeit mit Menschen, die ebenfalls ihr Englisch verbessern möchten*
- *Lese pro Woche mindestens zwei englische Zeitungsartikel*

Diese Tipps gelten für dich als Anreiz, endlich zu beginnen. Es gibt nicht den einen richtigen Weg zum guten Englisch; jeder Mensch muss eigene Methoden und Strategien finden, die er in sein Leben implementiert. Eine Mischung aus aktiven und passiven Elementen führen zweifellos zum Erfolg.

Nun da du die Basics beherrschst, können wir uns konkreteren Dingen widmen.

DAS MÜNDLICHE ABITUR

Das mündliche Abitur stellt den krönenden Abschluss deiner Schullaufbahn dar und wenn du so kurz vor deinem Ziel noch einmal richtig Gas gibst, kannst du mithilfe der mündlichen Prüfung in Englisch deinen Durchschnitt erheblich verbessern.

Ich finde, dass keine mündliche Abiturprüfung einfacher ist, als die in einer Fremdsprache. Zieht man in Betracht, dass die sprachliche Leistung in einigen Bundesländern mehr gewichtet wird als der Inhalt, dann merkt man schnell, dass man viel weniger lernen muss als für andere Fächer. Die sprachliche Komponente verbesserst du im Laufe der Oberstufe (sofern du die oben genannten Tipps beherzigst) und was den Inhalt betrifft, hast du schon gut vorgesorgt, wenn du deine Lernzettel für die Klausuren der letzten vier Halbjahre aufgehoben hast. Als ich kurz vor meiner mündlichen Prüfung stand, habe ich verzweifelt nach Büchern gesucht, die irgendwelche Tipps für die mündliche Prüfung in Englisch hatten – vergebens, denn die wenigen Büchern, die das Thema behandelten, hatten keine konkreten Informationen, sondern gaben lediglich Tipps wider, die auch die Lehrer seit 20 Jahren jedem Schüler predigen - nämlich früh lernen, alles wiederholen und mit den alten Klausuren lernen.

Also habe ich mir eigene Methoden gesucht, um mich optimal für das mündliche Abitur vorzubereiten. Im Folgenden stelle ich dir diese Methode vor. Man sollte sich für die eigentliche Vorbereitung ca. Sechs Wochen nehmen, um stressfrei zu lernen. Anders als man es sich vorstellt, muss man hierfür nicht den ganzen Tag lernen – ich habe konsequent max. drei bis vier Stunden täglich gelernt und meine Prüfung mit 15 Punkten gemeistert. Lange Zeit seine Unterlagen anzusehen bedeutet nicht, dass man gut gelernt hat. Viel wichtiger als die Quantität ist die Qualität, weshalb du stets konzentriert lernen solltest. Du solltest jede Minute deiner Lernzeit dafür verwenden, das zu lernen, was du noch nicht kannst und nicht einfach wie ein Roboter deine Lernzettel durchlesen.

Im Folgenden werde ich dir einen Zeitplan mit auf dem Weg geben, an dem du dich orientieren kannst.

VORBEREITUNGSZEITPLAN

Zwei Jahre vor dem Abitur

Ich weiß, ich behauptete zuvor, du musst nicht viel lernen für das mündliche Abitur, allerdings stimmt das nur teilweise. Die wesentliche Vorbereitung beginnt spätestens mit dem Eintritt in die Oberstufe, nämlich damit, dass du die gegebenen Tipps im ersten Kapitel beherzigst und dir eigene Strategien erarbeitest. Es ist sehr wichtig, dass du zu deinen Klausuren Lernzettel anfertigst und die Inhaltspunkte prägnant notierst. Hebe diese Zettel gut auf, denn sie sind der Kern deiner Vorbereitung. Du musst dich sicher auf Englisch unterhalten können, einen adäquaten Wortschatz haben und dich inhaltlich sehr gut auf die Klausuren vorbereitet haben. Hast du die gegebenen Tipps beherzigt, dann hast du bereits 80 % deiner mündlichen Prüfung gemeistert.

Sechs Wochen vor dem Abitur

Hier beginnt die wesentliche Vorbereitung. Diese Phase ist gekennzeichnet durch das Sammeln von Informationen. Wir gehen davon aus, dass du bereits dein gesprochenes Englisch in den letzten beiden Jahren auf ein höheres Level gebracht hast. Glückwunsch, du hast die Hälfte deiner Prüfung bereits gemeistert! Wir müssen uns nun dem Inhalt widmen und zum Glück geht das schnell. Neben deinen Lernzetteln brauchen wir nun Extra-Wissen, das den Lehrern zeigen wird, dass du dich wirklich mit dem Thema auseinandergesetzt hast und dich von den anderen Schülern stark unterscheidest. Zum einen kannst du dieses genannte Wissen aus den Büchern und Zeitungsartikeln sammeln, oder du nutzt die Plattform "Abiunity", die Schüler aus allen Bundesländern nutzen, um ihre Lernzettel mit dir zu teilen.

Ich betone immer wieder, dass du aus der Masse herausstechen musst, um außerordentliche Leistungen zu erbringen. Mache das, was alle anderen nicht tun. Ein mächtiges Mittel für dich sind Zitate. Finde passend zu deinem Thema Zitate von großen Persönlichkeiten (auf Englisch natürlich) und überlege dir, wie du diese passend in deinem Monolog einbringen kannst.

Wichtig ist auch, dass du Informationen über deine Prüfer herausbekommst. Die Prüfungskommission besteht in der Regel aus drei Prüfern, welche meistens auch Lehrer an deiner Schule sind. Neben deinem Fachlehrer gibt es den Vorsitz und einen Protokollanten. Finde heraus, was die Lehrer neben dem Fach Englisch unterrichten. Wieso? Ich erwähnte bereits das Extra-Wissen. Wenn wir nun wissen, dass die vorsitzende Lehrerin z.B. Französisch unterrichtet, dann würde diese sich sehr erfreuen darüber, wenn du ein Zitat von Jean-Jacques Rousseau einbrächtest. Hier sei allerdings Vorsicht geboten, denn es kann sein, dass die vorsitzende Lehrerin, dir eine weiterführende Frage zu Rousseau im Zuge des

Kolloquiums stellen wird, deshalb wäre es angebracht, wenn du ein bisschen Background-Wissen zu den Persönlichkeiten, die du zitierst, hättest.

Wir gehen nun davon aus, dass du zwei Wochen dafür verwendet hast, Informationen herauszusuchen und diese zu verschriftlichen. Jetzt müssen wir uns um die Übersichtlichkeit bemühen und zusammenhängende Themen bzw. einen roten Faden finden - am besten eignen sich hierfür Mindmaps.

Lass uns annehmen, du hast im Laufe der vier Oberstufenhalbjahre folgende Themen behandelt:

- The American Dream
- Great Britain
- South Africa
- Gene-Editing
- Science and Technology
- Utopia and Dystopia

Nach dem du diese Topics fett umrandet hast, musst du nun Unterthemen finden. Den American Dream kannst du z.B. mit multiculturalism verbinden oder Bücher, die ihr im Unterricht behandelt habt (z.B. To killa a Mockingbird). Am besten findest du zwischen fünf und sieben Unterthemen zu jedem Thema. Das Ganze erleichtert dir, die Verbindungen zwischen all diesen Themen zu finden. So weißt du, dass die USA und Großbritannien "multiculturalism" als Gemeinsamkeit haben und du kannst die verschiedenen Formen vergleichen (Melting Pot & Salad Bowl). Vergleicht man die "Jim Crow Laws" mit der Apartheid-Politik in South Africa, kann man auch Gemeinsamkeiten und Unterschiede finden. Mindmaps erleichtern dir, das Gelernte effektiv zu merken und haben den entscheidenden Vorteil, dass du auf die Fragen der Lehrer vorbereitet sein wirst (z.B. Compare the situation of the afro-americans in the 1930s with the oppression of the black majority in South Africa). Pro-Tipp: Trage ein anderes Überthema, welches du beim Lesen der englischen Bücher gefunden hast, in deine Mindmap ein. Optimal wäre, wenn dieses Thema Verbindungen zu verschiedenen Topics haben. Ich nahm Elon Musk als extra Thema. Die Tatsache, dass er in Südafrika geboren wurde, zu einer Zeit, in der die Dunkelhäutigen aufs Äußerste diskriminiert wurden, und seine Jugend dort verbrachte, kann man in der Prüfung Apartheid aus der Perspektive eines hellhäutigen Jugendlichen durchleuchten und dieses Thema mit artificial intelligence verbinden. Musk wanderte aus und versuchte in Amerika groß raus zu kommen – das war sein persönlicher American Dream. Sein Buch liefert natürlich auch Einblicke in seine technischen Projekte und dieses Wissen zeigt natürlich den Lehrern, dass du dir die gute Note verdient hast. In ihren Augen bist du dann der Experte, was z.B. künstliche Intelligenz oder Genforschung angeht.

Jetzt hast du wahnsinnig viel Input zu verarbeiten und die nächsten Wochen solltest du jeden Abend eine Stunde lang deine Lernzettel lernen. Schaue dir auch immer dein privates Vokabelheft an, das über die letzten zwei Jahre nun ja auch reichlich voll mit kostbaren Redewendungen sein sollte. Jetzt sind wir allerdings noch nicht fertig. Wir haben zwar viel

Wissen gesammelt, aber das Wissen haben wir noch nicht angewendet. Um dich an die mündliche Prüfung zu gewöhnen, solltest du mind. fünf Prüfungen als Vorbereitung machen. Ich weiß, dass dir dein Lehrer niemals fünf Probeprüfungen erstellen, aber wer sagt, dass du auf deinen Lehrer angewiesen bist?

Die Prüfungen kannst du dir ganz leicht selbst erstellen. Zur Erinnerung: die mündliche Prüfung besteht aus einer 30-minütigen Vorbereitungszeit, deiner 10-minütigen Präsentation und einer 10-minütigen Fragerunde seitens der Lehrer (diese Angaben unterscheiden sich je nach Bundesland). Du erhältst in deiner Vorbereitungszeit einen Text mit ca. 450 Wörtern und drei Aufgaben. Diese Aufgaben müssen mind. zwei Kurshalbjahre einschließen.

Mithilfe dieser Angaben und der Probeprüfung deines Lehrers als Orientierungshilfe, ist es nun recht simpel, eigene Klausuren zu erstellen. Du suchst dir nun im Internet Artikel, die zu zwei Themen passen (z.B. Gene-editing in South Africa) und kürzt diese ggf., falls der Text zu lang sein sollte. Die Aufgabenstellung ist typischerweise wie folgt:

1. Summarize/ Outline "..."
2. Compare/ analyse/ examine/
3. Evaluate/ Comment on "..." / discuss

So kannst du dir anhand des Textes eigene Aufgabenstellungen erarbeiten, die du dann selbst löst. Diese Klausuren dienen dazu, dich darin zu trainieren, flüssig und kohärent zu reden. Wenn du deine eigenen Aufgaben nicht bearbeiten möchtest, kannst du dich gerne mit deinen Freunden zusammensetzen und eure Klausuren austauschen. Beim Bearbeiten stellst du dir auf deinem Handy einen Timer für die jeweiligen Intervalle. Du kannst gerne mit Freunden zusammen die Prüfungen bearbeiten oder du sprichst zehn Minuten alleine in deinem Zimmer und lässt das Kolloquium weg – die Hauptsache ist, dass du dich im freien Sprechen übst. Du wirst merken, dass du allmählich flüssiger sprechen wirst und, dass die Prüfung gar nicht so schwer ist.

Beim Bearbeiten der Aufgaben wirst du deine Schwächen entdecken (z.B: Nervosität, zu viele "Äääääähs", zu viele Wortwiederholungen oder zu schnelles Reden) und kannst nun gezielt dagegen vorgehen. Auch könnten dir beim Bearbeiten neue Argumente und Redewendungen/Vokabeln einfallen, oder du hast sie beim Lesen des Textes entdeckt. Diese kannst du wie gewohnt markieren und in dein Vokabelheft schreiben.

Tag der Prüfung

Du hast die letzten Tage eifrig gelernt und obwohl du am Vortag zuversichtlicher Dinge warst, hast du nun Selbstzweifel und befürchtest, alles zu vergessen. Die mündliche Prüfung ist meistens am Vormittag oder Mittag, so hast du am Tag deiner Prüfung noch wenige Stunden übrig, die du nutzen musst, um den größten Gegner zu besiegen – dich selbst!

Wir müssen nun dich als Person optimieren, sodass du dich nicht selbst in letzter Sekunde sabotierst und all deine harte Arbeit um sonst war. Beginne deinen Tag damit, dass du deine Stimme aufwärmst und wieder anfängst englisch zu denken. Dies machst du, indem du eine Probeklausur, die du schonmal durchgearbeitet hast, erneut durcharbeitest und besonders laut sprichst (wichtig: nur eine Klausur, die du bereits gemacht hast, denn bei neuen Klausuren machst du dir nur unnötigen Stress!). Wenn es dich nicht allzu sehr belasten sollte, kannst du gerne deine Lernzettel und Vokabeln überfliegen.

Wichtig ist auch die Gelassenheit. Versuche, dich zu beruhigen und deine Angst zu mindern, indem du das Ganze relativierst – egal welche Note du bekommst, es wird dich nicht umbringen. Nur du weißt, wie hart du dafür gearbeitet hast. Nur du weißt, wie stark du dein Englisch verbessert hast. Nur du weißt, wie sehr du die Note verdient hast. Werde dir bewusst, dass dein Fachlehrer nur das Beste für dich will, denn wenn du eine gute Leistung erbringst, steht dieser vor den anderen Prüfern gut dar. Deshalb wird der Lehrer mit Sicherheit die Prüfungen deinen Kenntnissen entsprechend gestalten. Finde die perfekte Atmung, indem du meditierst. Nehme dir ruhig 10 Minuten, um dich nur auf deine Atmung zu konzentrieren – du wirst merken, dass du wesentlich gelassener bist, weil du ruhiger atmest. Jetzt, wo du gelassen bist, ist es an der Zeit, das Beste aus dir herauszuholen! Schaue dir auf YouTube “exam motivation” Videos bzw. eine motivierende Rede deines Vorbilds/Lieblingsschauspielers an. Du wirst merken, dass dein Zweifel sich in eiserne Entschlossenheit wandelt. Die Prüfung kann kommen!

Vorbereitungszeit der Prüfung

Du bekommst das Aufgabenblatt ausgeteilt und sofort merkst du, wie deine Hände schwitzig werden und das Blut in dein Gehirn schießt. Du liest dir die Aufgaben durch und obwohl sie sehr einfach für dich sind, hast du eine Blockade im Gehirn und kannst nicht klar denken. Das alles ist eine Schutzreaktion deines Körpers. Atme tief durch und fang an, den Text zu lesen. Atme tief durch, du schaffst das! Hier noch ein paar Last-minute-Tipps, die dir helfen, einen klaren Kopf zu bewahren.

Schreibe effizient. Diese Aufforderung heißt, dass du nicht nur strukturiert und chronologisch schreiben sollst, sondern auch stichpunktartig Schlüsselwörter niederschreiben solltest. Schreibe mit max. vier Wörtern, wie du gedenkst vorzugehen. (z.B. Beginn: Zitat von Nelson Mandela → Meine Meinung → Auswirkungen → Zusammenfassung und weiterführender Gedanke).

Fertige vor allem für die zweite Aufgabe eine Pro/Contra-Tabelle an, das macht das ganze übersichtlicher. Nutze die letzten zwei Minuten dazu, dir den ersten Satz deines Monologes einzuprägen. Du musst nur den Einleitungssatz auswendig können, dieser hilft dir, reinzukommen und alles andere stellt sich von alleine ein.

Die Prüfung

“First impression matters”

Das Warten hat ein Ende. Dein Prüfer (der Fachlehrer) holt dich ab und führt dich in den

Prüfungsraum. Du weißt natürlich, dass du einen guten ersten Eindruck hinterlassen musst, deshalb lächelst du freundlich und begrüßt deine Prüfer mit lauter Stimme. Du setzt dich hin und dir wird ein Glas Wasser zu trinken angeboten (was du natürlich annehmen solltest, denn nach 20 Minuten Sprechen wird dein Mund ausgetrocknet sein).

Nachdem du deine Aufgaben perfekt vorbereitet hast, gelingt es dir eine Glanzleistung zu vollbringen, was den ersten Teil der Prüfung betrifft. Der zweite Teil ist allerdings genauso wichtig und nicht weniger schwer. Die Fragen der Lehrer zielen darauf ab, um zu prüfen, wie tief dein Wissen ist und wie differenziert du ein Problem löst. Also zeige, nicht nur dass du über viel Fachwissen verfügst, sondern auch mehrere Lösungsansätze zu bieten hast. Aber was ist, wenn du zu einer Frage nicht die passende Antwort hast? Das ist völlig normal, du darfst dich nur nicht aus der Ruhe bringen lassen. Sage niemals "I don't know"- dieser Satz setzt all die Mühe, die du dir gegeben hast, in den Sand. Versuche stattdessen Zusammenhänge zu finden und weiter auszuholen.

Wenn z.B. gefragt wird, ob du glaubst, dass Apartheid in Südafrika in subtiler Form heute noch existiert und du keinen Plan hast über die jetzige Lage in Südafrika, dann beginne damit, dass du zunächst erläuterst was Apartheid bedeutet. Erkläre, wie es entstanden ist und welche Konsequenzen es für die Bevölkerung hatte. Dabei fällt dir ein, dass die Afroamerikaner ähnliches durchmachen mussten und lenkst den Fokus geschmeidig auf die "Jim Crow"-Laws. Optimal wäre es, wenn du weißt, wie die heutige Situation der ethnischen Minderheiten in den USA ist und daraus andeutest, dass es in Südafrika ähnlich oder anders sein könnte. Auch hilft es, wie ein Politiker zu reden, um Fragen inhaltlich auszuweichen. Bestimmt hast du schonmal bemerkt, dass Politiker in ihren Reden viele Fremdwörter benutzen und unendlich lange reden, aber inhaltlich nicht wirklich viel vermittelt haben. Hier kannst du dir ein Beispiel nehmen. Lege dir ein Repertoire an gebildet klingenden Wörtern (z.B. sophisticated, disparity, disaccord usw.) an und mache von ihnen Gebrauch. Das ist für absolute Extremsituationen gedacht, denn wenn ein Lehrer merkt, dass du nur versuchst, Zeit zu schinden, kann dieser sehr sauer werden. Solltest du Zeit zum Überlegen benötigen, dann kannst du auch auf die Frage deines Lehrers direkt mit einem Zitat antworten, das du vorbildlich für so eine Frage parat hattest und dich daran entlang hangeln. (Z.B: This reminds me of a quote from... oder I'd like to let X speak for me – he said...). Um Zeit zu schinden kannst du auch die Frage, die der Prüfer stellt in ihre Einzelteile zerlegen und jeden einzelnen Aspekt erklären. Wenn zum Beispiel gefragt wird, ob die Lektüre X eine utopische oder dystopische Gesellschaft darstellt, dann erkläre erst einmal die Begriffe dystopia, utopia und society. Deshalb solltest du auch einige wichtige Definitionen im Hinterkopf behalten. Wenn du diese Tipps beherzigst, wirst du garantiert eine spitzenmäßige Prüfung hinlegen. Gratuliere, du hast es geschafft!

DIE KOMMUNIKATIONSPRÜFUNG

Immer mehr Bundesländer führen die obligatorische Kommunikationsprüfung für Grund- und Leistungskurs Englisch in das Kerncurriculum ein. Die Schulen möchten, dass der Unterricht realitätsnäher wird und planen die Fähigkeit der Schüler, sicher auf Englisch zu kommunizieren, auszubauen. Was ist nun die Kommunikationsprüfung? In dieser speziellen Prüfung wird darauf Wert gelegt, dass du mit einer anderen Person interagierst und es wird geprüft, wie sicher du im Umgang mit der Sprache bist.

Ähnlich wie bei der mündlichen Abiturprüfung, stehen dem Prüfling 15 Minuten zur Vorbereitung zur Verfügung. Der entscheidende Unterschied besteht darin, dass die Kommunikationsprüfung mit einem Partner (Mitschüler) zusammen stattfindet. In der Regel muss Partner A im Prüfungsteil 1 eine Bildbeschreibung machen (Cartoon oder Foto) und B kommentiert den Monolog mit einem Feed-Back und vice versa. Der zweite Teil der Prüfung besteht darin, dass du mit deinem Partner eine Diskussion führst und möglichst viel Fachwissen einbringst. Auch hierfür habe ich einige Tipps und sogar wertvolle Redewendungen für dich parat, die es dir ermöglichen, das Beste aus dir herauszuholen.

DIE VORBEREITUNG

Es ist für dich von Vorteil, wenn du bereits drei Wochen vor der Prüfung anfängst zu lernen. Du kannst dir gerne wieder dein privates Vokabelheft zur Hilfe ziehen und neue Vokabeln für Diskussionen und Bildbeschreibungen eintragen. Allerdings ist auch Fachwissen von essenziellem Wert - hierfür müsstest du auf YouTube gute Videos passend zu deinem Thema finden (z.B. auf TED) oder du schaust im Internet nach Pro und Contra Tabellen (z.B. auf Abiunity, Bildungsserver deines Bundeslands). Wichtig ist auch, dass du mit deinem Partner ein eingespieltes Team bildest. Suche dir am besten jemanden, der ungefähr auf dem gleichen Level ist wie du, ebenso ambitioniert ist und sich mit dir gut versteht. Ich würde dir empfehlen, dass ihr mindestens fünf Probeprüfungen gemeinsam bearbeitet und euch gegenseitig verbessert. Prüfungen könnt ihr euch ganz leicht selbst erstellen, indem ihr auf Google-Bilder euch einen passenden Cartoon (z.B. zum Thema surveillance) aussucht und als Diskussionsfrage ein Zitat oder Problemstellung einbringt.

DER MONOLOG

Die Prüfung beginnt meistens damit, dass deine Prüfer dir am Anfang eine Aufwärm-Frage stellen, die nicht mit in die Bewertung eingehen wird. Du solltest diese Chance jedoch nutzen und zeigen, dass du über ein großes Vokabular verfügst.

Im Folgenden findest du nützliche Redewendungen, die deine sprachliche Kompetenz stark aufwerten.

Cartoon analysis

Einleitung:

- The cartoon appears to show
- The cartoon focuses on …
- The scene depicts
- The cartoon deals with the recent discussion of …
- … symbolizes the controversial Topic of...
- Considering the recent … it is really crucial that we … and this is exactly what (Name des Künstlers) conveys with his cartoon

Hauptteil:

- In the foreground/background/centre in the lower left-hand corner
- The cartoonist tries to make the point that
- At the first glance one might think
- The cartoon consists of an illustration of...
- The figure is a stereotype of …
- The cartoonist is satirizing
- The speech/thought bubble //caption//label

say that...

- The cartoonist's use of irony/exaggeration is intended to...

Schluss:

- The cartoon implies
- You could draw the conclusion that...
- The general impression we get is …
- On the figurative/symbolic level...
- I agree with the point the cartoonist is making, because
- The cartoonist wants to convey the message that...
- So, to wrap things up, …
- … reinforces the cartoonist's message
- The humor lies in the contrast/misunderstanding between
- The cartoon (doesn't) appeal(s) to me
- It is convincing that…

Bildbeschreibung (Foto)

Bei dieser Form der Bildbeschreibung tun sich viele Schüler schwer, da die Aussage eines Fotos oft schwerer zu erkennen ist, als die eines Cartoons. Falls du nicht mehr wissen solltest, was du zu einem Foto sagen solltest und du noch einige Sekunden Zeit hast, dann überlege dir, was vor und nach der Aufnahme des Bildes geschehen sein könnte. Nehmen wir an, du siehst auf dem Bild einen Hund auf der Straße. Du könntest nun annehmen, dass der Hund sich vorher von der Leine losgerissen hätte und zum Zeitpunkt des Bildes die Straße überquerte. Als weiterführenden Gedanken könntest du annehmen, dass dieser entweder heil auf die andere Seite ankommt, oder auch überfahren wird. Auch könntest du erwähnen, was man mit den anderen Sinnen wahrnehmen könnte. Du siehst z.B. ein Slum abgebildet auf einem Bild und du könntest zum Beispiel etwas über den Geruch und den Lärm erzählen.

Sollten Menschen abgebildet sein, dann kannst du auch etwas über ihr Verhalten, Aussehen, Charaktereigenschaften und Gefühle sagen. Finde hier die passenden Vokabeln heraus und du hast den größten Teil des Monologes schon gemeistert.

Feed-Back

Auch wenn das Feed-Back, das du deinem Partner gibst, sehr kurz ist, musst du auch dieses nutzen, um dein Können zu zeigen. Hier wieder ein paar nützliche Phrasen:

- To begin with, ...
- How did you come up with this idea?
- It was excellent
- You spoke loudly and clearly/fluently
- I noticed, …
- I appreciate the way you structured your monologue
- You could … to … in the future
- When … try to …

- Your presentation would be even better if you...

Pro-Tipp: Füge immer im Feed-Back einen Aspekt ein, den dein Partner vergessen hat (z.B. you could also have considered that...). Dafür musst du einen Stift und einen Schmierzettel während deiner Prüfung zur Verfügung haben, um dir mögliche Fehler deines Partners zu notieren.

Diskussion

In diesem Teil der Prüfung musst du besonders auf deinen Ausdruck achten und die Art und Weise, wie du mit deinem Partner interagierst. Ich habe für dich wieder passende Sätze ausgesucht, die du dir einprägen solltest. Je nachdem, ob dein Partner anfängt oder du mit der Diskussion beginnst, kannst du diese geschickt einsetzen.

Du machst den Anfang:

- Have you ever thought about …?

- The topic of … is often picked up by many news channels in recent times. So, I think it is crucial that we weigh the benefits of … against the negative aspects
- We hear about … on a regular basis, and I think... - What is your view on …
- The quote given refers to...
- When I read/hear... I can't resist thinking about...
- In an attempt to..., many people...
- One of the main concerns of mankind is...
- What strikes me first is...

Du reagierst auf die Diskussionsfrage deines Partners:

- To be honest, it I've always been preoccupied with...
- Ever since I learned about... I've been concered that...
- Let me begin with
- There really is a need to discuss the advantages and disadvantages of...

- As far as I'm concerned...
- I've never come across the idea that...

Meinung geben:

- I am sure/convinced that...
- Personally, I believe that...
- I'm persuaded that...
- I feel that...
- I hold the view that...
- As mentioned earlier, I think...
- It is my firm belief that...
- To me, ...

Nach Meinung fragen:

- How do you feel about?
- What is the primary cause for... according to you?
- What is your position on...?
- If you were in charge, what would you do?
- I would like to know if...
- Wouldn't you...?

- Could you go along with that?
- I'm curious to hear what you think about...?

Einverstanden sein:

- I totally agree
- I couldn't agree more
- I think you are right to a point
- You're absolutely right
- I couldn't have put it better myself! (= Du sprichst mir aus der Seele)
- I have no objection (= keine Einwände)
- This sounds convincing
- You have hit the nail on the head
- I agree to some extent
- Considering … from your point of view, it seems to be more plausible
- Why not?
- You have a point here!
- I hadn't seen it from that angle before
- I admit I have to agree with you on this particular point
- Exactly, it can't be denied that...

Ablehnen:

- I disagree fundamentally with what you're saying
- I think you are wrong here
- From my perspective it doesn't seem to be plausible
- It is incompatible with...
- I believe that it is not right to assume that...
- You have neglected that...
- That's not the way I see it
- That's a matter of opinion! (= das ist Ansichtssache)
- I'm not sure whether this would get us where we want to be.
- I doubt that...
- I must raise an objection here

Betonen:

- I would like to emphasize/stress/underline that...
- We have to focus on...

- To be of vital importance (= von essentieller Bedeutung sein)
- The core problem is...
- It is widely believed
- There is broad agreement in society that...
- The main aspect is...
- In my experiencc
- I still stick to my opinion that... (= bei seiner Meinung bleiben)

Stärke zeigen:

- It is undeniable that...
- This is improbable
- By no means (= keineswegs)
- Needless to say, …
- There is no doubt in my mind
- The same applies to...
- We have to take precautions against...
- I would go so far as to say that...
- Is a logical consequence that...
- I would vouch for... (= für jdn./etw. Seine Hand ins Feuer legen)

- You have my word on it (= Du hast mein Wort drauf)
- I am totally convinced
- I know this from first-hand experience
- I'd like to bring up another captivating controversy/issue/topic/matter
- That's out of the question that...
- The only alternative left is...
- I know this from first-hand experience (= etw. aus der eigenen Erfahrung berichten)
- Recent studies have cast doubt on whether this can be made to work in practice

Abwägen:

- On the one hand..., but on the other hand...
- I can see your point but I still feel...
- You might be tempted to conclude that..., but in fact...
- It might sound like a cliché, but indeed...
- It might sound deceptively (=täuschend) simple, but in fact...

Zusammenfassung:

- The obvious conclusion is...
- We can still reach an agreement if...
- There is some common ground: we both agree...
- Taking all that into consideration
- This is a compromise we can live with
- Do you think we can draw a mutually agreeable conclusion (= für beide Seiten annehmbar)
- To put it in a nutshell
- The outcome of... is no longer in doubt, so we have to take immediate action in order to...
- We should embrace the idea of...
- The advantages outweigh the disadvantages

Das sind die wichtigsten Sätze, die zeigen, dass du über ein sehr ausgeprägtes Vokabular verfügst. Natürlich musst du nicht alle Phrasen auswendig lernen, sondern nur die, die du dir leicht merken kannst und auch wirklich sicher in eigenen Sätzen verwenden kannst. Achte generell darauf, dass du strukturiert und im moderaten Tempo redest, sodass die Lehrer dir leicht folgen können. Bei der Diskussion sollten beide Partner ungefähr gleich viel reden – also versuche nicht deinen Mitschüler argumentativ zu zerstören, denn ihr spielt miteinander und nicht gegeneinander. Sei immer höflich und lasse deinen Partner ausreden und höre gut zu, sodass deine Argumente auf den Aussagen deines Partners basieren und nicht völlig aus dem Zusammenhang gerissen sind.

Die Vorbereitung für die Kommunikationsprüfung sei soweit geschafft!

REFERATE

Die letzte Hürde, an der sich viele Schüler schwertun, sind Referate. Egal ob verpflichtend, freiwillig zur Notenverbesserung oder als Präsentationsprüfung im Abitur: Jeder Schüler muss im Laufe der Oberstufe mindestens eine Präsentation gehalten haben und viele Schüler sträuben sich dagegen, 15 Minuten am Stück auf Englisch zu reden – allerdings ist das gar nicht so schwer.

Gestaltung der Präsentation

Bevor du mit der Präsentation überhaupt anfangen kannst, musst du ein Konzept erstellen. Frage dich, was genau du präsentieren musst und welche Unterthemen dazu relevant sind. Ich empfehle dir drei große Themen mit jeweils zwei Unterthemen zu finden. Du musst dir eines Bewusst werden: Deine Lehrer haben im Laufe ihrer Karriere bestimmt hunderte von Präsentationen gesehen und auch deine Mitschüler langweilen sich zu Tode bei normalen Präsentationen. Deine Präsentation soll jedoch alles andere als normal sein.

Besorge dir ein gescheites Präsentationsprogramm. Viele Schüler arbeiten mit kostenlosen Softwares, die nicht unbedingt viele kreative Tools haben, was auch dazu führt, dass die Gestaltung der Präsentation eher schlicht und nicht vielversprechend ist. Das heißt aber nicht, dass man eine Menge Geld ausgeben muss, um gute Präsentation zu erstellen. Eine kostenlose Alternative zu PowerPoint stellt PowerPoint-Online dar – du wirst ausreichend viele Vorlagen finden, die deine Präsentation ansprechender aussehen lassen. Diejenigen, die mehrere Präsentationen im Monat halten, bzw. eine Präsentationsprüfung vor sich haben, können für das Programm Prezi gerne ein wenig Geld ausgeben (oder einen kostenlosen Probemonat beginnen). Präsentationen erstellt mit Prezi kommen immer gut bei den Mitschülern an und auch der vermittelte Inhalt ist leichter für die Zuhörer zu merken. Werde dir Bewusst, dass eine gute

Präsentation so viele der fünf Sinne wie möglich anspricht. Wenn du nun z.B. eine Präsentation über ein bestimmtes Land halten musst, dann hast du z.B. folgende kreative Möglichkeiten:

- Auf Ebay die nationale Währung kaufen (unter 3 Euro) und den Zuhörern zeigen
- Volksmusik
- Nationalgericht kochen und verteilen
- …

Gute Informationen findest du entweder auf YouTube, oder du suchst im Internet nach englischen Präsentationen, über das gleiche Thema. Du sollst diese nicht direkt übernehmen, sondern dich von ihnen inspirieren lassen und diese perfektionieren.

Die Einleitung

Es ist zu empfehlen, dass dein Referat mit einer Einstiegsfrage beginnt (z.B. Have you ever heard/thought of...). Vermeide peinliche Einleitungen à la “Hallo, heute werde ich … präsentieren” - deine Zuhörer wissen, was dein Thema ist und haben keine Lust ständig exakt das zu hören, was auf den Slides steht. Wenn du bei deinen früheren Präsentationen immer ein Inhaltsverzeichnis nach der Titelfolie eingefügt hast, dann hast du einen großen Fehler gemacht. Das ist reine Zeitverschwendung und mindert nur die Aufmerksamkeit der Zuhörer. Falls du unbedingt ein Inhaltsverzeichnis machen möchtest, dann kannst du ein dynamisches (und subtiles) Verzeichnis an der Kopfzeile der jeweiligen Folien einfügen. Nach der Einleitung solltest du direkt mit interessanten Fakten weiter machen und allmählich den Hauptteil einläuten.

Der Hauptteil

Um dein Referat kreativer zu gestalten, kannst du gerne Videos, Interviews, Animationen und GIFs verwenden. Die Folien sollten maximal drei Stichpunkte enthalten, die dein Gesagtes prägnant auf den Punkt bringen. Beziehe dein Publikum ein und sorge für Aha-Momente, indem du wirklich interessante Informationen ansprichst. Du kannst gerne zwischendrin Fragen stellen oder eine kleine Abstimmung machen.

Der Schluss

Deine Präsentation sollte damit enden, dass du die wesentlichen Aspekte zusammenfasst und einen weiterführenden Gedanken nennst. Dieser Gedanke kann darin bestehen, dass du z.B. die Auswirkungen auf die heutige Gesellschaft nennst oder mögliche Probleme in der Zukunft ansprichst. Solltest du über eine große Persönlichkeit wie Gandhi ein Referat halten, kannst du gerne auch mit einem inspirierenden Zitat abschließen.

Karteikarten

Das Problem vieler Schüler besteht darin, dass sie nicht flüssig und frei (in einer Stresssituation) auf Englisch reden können. Dieses Problem lässt sich ganz leicht bewältigen, wenn man eine Vorbereitungszeit von zwei Wochen hat. Während du im Internet recherchierst und Informationen sammelst, notiere dir auf einem Zettel Stichpunktartig die wesentlichen Informationen. Mithilfe dieser Informationen schreibst du nun einen Fließtext - ja richtig, einen Aufsatz –, der ca. drei bis fünf Seiten lang sein sollte (inkl. Konnektoren und Redewendungen). Erfahrungsgemäß verfügst du beim Schreiben von Aufsätzen über mehr Zeit zum Nachdenken, als beim freien Sprechen, was es dir ermöglicht, dein Referat kohärent zu strukturieren und ausgefeilte Redewendungen in dein Referat zu implementieren. Basierend auf diesen Aufsatz gestaltest du nun die Folien deiner Präsentation. Lediglich die Schlüsselwörter notierst du dir. Du lernst nun deinen Aufsatz möglichst auswendig und drei Tage vor der Präsentation erstellst du Karteikarten mit maximal zwei Wörtern pro Satz. Diese Wörter sollten die sein, über die du oft beim freien Sprechen stolperst bzw. das Schlüsselwort des Satzes darstellen, sodass du im Falle eines Notfalls, dich daran festhalten kannst. Wenn du so wenige

Worte auf deinen Karteikarten stehen hast, bist du mehr oder weniger gezwungen, dein Publikum anzusehen.

Wie du siehst sind Referate gar nicht so schwer, alles nur eine Frage der Vorbereitung!

Notizen

Notizen

Teil 2

Siegessicher in jeder Klausur

WIE VERBESSERE ICH MEIN SCHRIFTLICHES ENGLISCH?

Im ersten Teil dieser Buchreihe haben wir uns die Methoden des aktiven und passiven Lernens angesehen. Diese halfen dir, deinen Ausdruck, deine Aussprache und dein Vokabular in die Höhe zu schrauben. Eloquenz und ein Repertoire an raffinierten Ausdrücken, auf das man zurückgreifen kann, sind auch von großer Bedeutung für Klausuren. Nichtsdestotrotz solltest du als Vorbereitung für die Klausur eher aktiv als passiv lernen, denn du musst deine volle Aufmerksamkeit dem Sammeln und Verarbeiten von Informationen widmen. In der Regel sollten zwei Wochen vor der Klausur als Vorbereitungszeit genügen, um ausreichend viel Wissen zu akquirieren.

VORBEREITUNG

Wie gehst du nun vor? Als Basis deiner Vorbereitung dienen die thematischen Wortschätze, die du dir mit passiven Strategien erarbeitet hast. Du solltest wichtige Vokabeln und Ausdrücke spezifisch für die Klausur auf einem separaten Lernzettel schreiben. Des Weiteren musst du deinen Ordner und dein Buch nach wichtigen Inhaltspunkten durchforsten und diese auf dein Lernzettel übertragen. Verwende eine Woche deiner Vorbereitungszeit, um deinen thematischen Wortschatz zu verbessern, Wissen zu sammeln und dieses so gut es geht auswendig zu lernen. Du musst dir anhand des Lehrplans deines Bundeslandes bewusstwerden, welchen Schwerpunkt das Bildungsministerium für die einzelnen Halbjahre gesetzt hat. Mithilfe dieser Informationen kannst du zusätzliches Wissen, Fakten, Neuigkeiten oder Zitate im Internet finden.

Im Laufe deiner Schullaufahn hast du sicherlich das ein oder andere englische Buch widerwillig gelesen. Wenn du deinen Ausdruck verbessern möchtest, dann kannst du das Lesen von englischen Büchern mit mehr als 200 Seiten nicht vermeiden.

Wie kommst du an diese ran? Ich empfehle dir die Bücher gebraucht zu kaufen. Man kann sie auf Amazon gebraucht bestellen oder direkt auf "Medimops" und spart sich die Versandkosten. Diese Bücher kosten im Schnitt 2 € und diese Investition ist von unschätzbarem Wert. Es ist völlig egal, welches englische Buch du kaufst; ob Biografie oder Liebesroman. Um Zeit und Kosten zu sparen, solltest du dich mit deinen Freunden, die ebenfalls ihr Englisch verbessern wollen, absprechen, wer welche Bücher kauft und die wichtigsten Informationen austauschen. Versuche diese Bücher so schnell wie möglich durchzulesen – viel mehr als auf den Inhalt des Buches solltest du auf Vokabeln und Sätze, die deinen Ausdruck verbessern, achten. Markiere diese und trage sie in dein Vokabelheft ein.

Eine kostenlose Alternative zu Büchern sind englische Zeitungsartikel. Du musst keine Zeitung kaufen – im Internet gibt es täglich hunderttausende von kostenlosen Artikeln. Gebe einfach das Thema in die Google-Suchleiste ein, welches ihr gerade im Unterricht behandelt und wähle unten drunter die Option "News". (Beispiel: ihr behandelt gerade das Thema "Gene-edititng" - dann gibst du dieses Thema in die Suchleiste und suchst dir einen Artikel aus.) Ab hier kannst du gerne wie bei den Büchern vorgehen – einfach durchlesen und nebenbei neue Ausdrücke für dein Vokabelheft finden. Zeitungsartikel haben nicht nur den Vorteil, dass der Schreibstil formal und strukturiert ist, sodass du mithilfe dieser Mittel deine Klausuren optimieren kannst. Du bist immer auf dem neusten Stand, was dein jetziges Thema betrifft und kannst deine Klausuren mit Angeber-Wissen füllen. Du kannst diese Artikel auch als Übung für deine Klausuren nutzen. So kannst du z.B. auch Artikel mit ca. 600 Wörtern schriftlich zusammenfassen. Du kannst dabei lernen, wie du unwichtige Informationen von wichtigen trennst und erwirbst die Fähigkeit, Texte schneller in eigenen Worten wiederzugeben, indem du Synonyme verwendest oder Oberbegriffe findest.

Um deinen Wortschatz aufzuwerten, solltest du besonders für Adjektive und Verben mehrere Synonyme suchen. Vor allem Verben, die du oft verwendest, musst du variieren. So kannst du anstatt ständig "to say" zu sagen, auch z.B. "to claim", "to assume", "to mention" und je nach Situation ein anderes Synonym verwenden. Schreibe so viele Texte, wie es geht. Am besten fragst du nach den Klausuren von Mitschülern, die bereits gut sind in Englisch und markierst deren raffinierten Ausdrücke und Sätze, die du später irgendwann verwenden könntest. Lasse dich von ihrem Schreibstil inspirieren und finde besonders Dinge, die dein Lehrer in Klausuren gut findet (z.B. eigene Meinung am Schluss; Umgangssprache; formelle Sprache usw.). Du musst allerdings auch eigene Texte schreiben und möglichst viele neue Ausdrücke einbauen. Solltest du beim Schreiben immer wieder die PONS-App verwenden, wirst du neue Begriffe erlernen, die du in dein Vokabelheft eintragen solltest. Schaue bei jedem Wort, das du nachschlägst, ob es dafür Synonyme oder Antonyme gibt und notiere sie direkt in dein Vokabelheft. Basierend auf den Inhaltlichen Punkten musst du nun eine Mindmap und ggf. eine Pro- und Contra-Tabelle für eine mögliche Diskussionsfrage anfertigen. Dies macht deine Lernzettel übersichtlicher. Du erkennst nun die Zusammenhänge zwischen einzelnen Unterthemen und solltest immer die Vor- und Nachteile abwägen könne und eine eigene begründete Meinung haben. Um deine Argumente zu unterstützen oder bestimmte Sachverhalte zu erläutern solltest du immer Zitate verwenden. Suche auf Google dein Thema oder eine Persönlichkeit, die ihr im Unterricht behandelt habt, und schreibe dahinter einfach "quotes" (Z.B. "Surveillance quotes"). Sammle auch Konnektoren, die deine Aufsätze unterstützen. Ich werde dir später die wichtigsten mit auf den Weg geben. Besorge dir eine Liste der Operatoren, um bereits vorher zu wissen, welche Antwortarten bestimmte Aufgabenstellungen von dir erwarten. Das hilft dir, nur das niederzuschreiben, was wirklich relevant ist und von dir erwartet wird.

Eine Woche vor deiner Klausur musst du anfangen, dein gesammeltes Wissen anzuwenden. Erstelle dir drei Probeklausuren, die du bis zu deiner Prüfung durcharbeitest. Die Texte, auf die deine Klausurfragen basieren können, findest du über Google News (Englischer Artikel) oder auf der Website www.Learnenglish.britishcouncil.org bzw. www.Learnenglishteens.britishcouncil.org.

Die Aufgabenstellung solltest du so erstellen, dass die Fragen alle drei Aufgabenfelder decken. Basierend auf den ca. 600 Wörter langen Text solltest du z.B.

1. Summarise (…)
2. Analyse (…)
3. Comment on the statement (…)

als Operatoren wählen. Nachdem du die Probeklausur durchgearbeitet hast, solltest du einmal selbst nach Flüchtigkeitsfehlern und anderen Defiziten suchen, die du in der echten Klausur vermeiden kannst. Nun nehme einen roten Stift und streiche alle unwichtigen Details in deiner

Zusammenfassung durch, sodass du mit jedem Satz eine inhaltlich wichtige Aussage triffst. Die Klausur solltest du sprachlich und ggf. inhaltlich (auch wenn du bei deinen Probeklausuren keinen Erwartungshorizont hast, kann es doch sein, dass eine andere Person Aspekte findet, die du nicht genannt hast) von einer Mitschülerin / einem Mitschüler / Freund(-in) / Bekannten, der oder die sehr gut im Fach Englisch ist oder von deinem Fachlehrer korrigieren lassen. Dieser Schritt hilft dir herauszufinden, worauf du bei der Vorbereitung besser Acht legen solltest. Machst du viele Rechtschreibfehler? Kannst du deine Argumente klar auf den Punkt bringen? Argumentierst du zu einseitig? Hast du einen roten Faden? Ziehst du immer ein Fazit? Hast du inhaltlich Wiederholungsbedarf? Kommst du mit der Zeit gut zurecht?

Die Seite "Learnenglish Teens" vermittelt dir neben Klausurtraining auch die wichtigsten thematischen Vokabeln für bestimmte Themen und liefert generelle Ratschläge, wie du deinen Schreibstil verbessern kannst. Rechtschreibfehler lassen sich zum einen vermeiden, indem du beim Bearbeiten der Klausur Wörter verwendest, die du oft in Aufsätzen verwendet hast. Versuche keines Wegs, ausgefeilte „Freestyles“ in der Klausur an den Tag zu legen. Deine Probeklausuren dienen dazu, dein Vokabular zu festigen – also, wenn du neue Dinge ausprobieren möchtest, dann mach es bei den Probeklausuren und lass es von deinem Lehrer korrigieren. Du kannst natürlich auch in dein persönliches Vokabelheft die Wörter niederschreiben, mit denen du am meisten Schwierigkeiten hast.

Informiere dich auf jeden Fall über “Mnemonics” - Visualisieren hilft enorm. Diese Eselsbrücken helfen dir, Informationen effizienter zu merken. Lerne auch die “spelling rules” auswendig, falls du große Schwierigkeiten haben solltest. Diese findest du auf webseiten wie www.YourDictionary.com oder www.thoughtco.com.

WÄHREND DER KLAUSUR

Auch wenn du dich optimal auf die Klausur vorbereitet hast, garantiert dies nicht, dass du eine sehr gute Note in der Klausur erhalten wirst. Ich bin mir sicher, dass du in der Vorbereitungszeit sehr viel Wissen gesammelt und vorbereitet hast, doch du musst nun dieses Wissen prägnant und bündig vermitteln. Grundlegend solltest du von einem angemessenen Schreibstil Gebrauch machen – in AFB 1&2 immer Umgangssprache vermeiden und auf Struktur achten und je nachdem wie die dritte Aufgabenstellung lautet, kannst du ein bisschen lockerer schreiben, da dieser Teil meistens eine kreative Schreibaufgabe umfasst. Lese dir zunächst die Fragestellungen durch und unterstreiche, was explizit von dir gefordert ist – beantworte nicht mehr und nicht weniger.

Bei einer 90-minütigen Klausur solltest du die Zeit wie folgt einteilen:

Die ersten 30 Minuten solltest du zum Strukturieren verwenden. Schreibe zu den drei Aufgaben stichpunktartig auf, was du in deinem Text erwähnen möchtest und wie du die einzelnen Punkte anordnen möchtest. Dadurch vermeidest du, zu detailliert zu schreiben und du weißt genau, was du inhaltlich erwähnen musst und kannst dich im weiteren Verlauf ausschließlich des Schreibens eines Fließtextes widmen. Nehmen wir an, dass du für die erste Aufgabe 30 BE, für die zweite 40 BE und 30 BE für die letzte erhalten kannst, dann solltest du deine Zeit prozentual nach den Bewertungseinheiten einteilen. Von den restlichen 60 Minuten, solltest du 15 Minuten lang den Text für die Aufgabe 1 schreiben, 20 Minuten lang an der Aufgabe 2 arbeiten, 15 Minuten der Aufgabe 3 widmen und die restlichen zehn Minuten solltest du zum drüberlesen verwenden, damit dir keine Flüchtigkeitsfehler unterlaufen. Konzentriere dich auf die wesentlichen Informationen; solltest du nicht fertig werden, kann deine Lehrerin anhand deiner Notizen erkennen, was du dir dabei gedacht hast und kann dir dennoch eine gute Note geben. Für das schriftliche Abitur kannst du die gleiche Rechnung aufstellen, indem du ein Drittel deiner Zeit zum Strukturieren verwendest und die restliche Zeit nach demselben Schema aufteilst.

Schreibe aussagekräftige Thesen. Du solltest all deine Aussagen gut verständlich auf den Punkt bringen, sodass dein Lehrer alles auf dem Erwartungshorizont abhaken kann. Rede nicht um den heißen Brei herum, sondern formuliere klare Aussagen. Vor allem im AFB 2, bei dem die Lehrer meistens eine Vergleichs- oder Analyse-Aufgabe stellen, solltest du dich an folgender Struktur festhalten:

1. These
2. Beispiel bzw. Wirkung
3. Zitat aus dem Text oder im Unterricht behandelte Literatur

Die Thesen kannst du bereits in den ersten 30 Minuten niederschreiben, sodass du sie am Ende lediglich ausformulieren musst. Verwende die zehn

Minuten am Ende der Klausur, um deine Texte durchzulesen. Darauf solltest du dich an dieser Checkliste orientieren:

- Beachte die Rechtschreibung
- vermeide Wortwiederholungen
- Überprüfe, ob du überflüssige Details eingebracht hast
- Vergewissere dich, dass du inhaltlich das eingebracht hast, was du dir vorgenommen hast
- Überprüfe, ob der Text flüssig zu lesen ist

Nun kannst du deine Klausur guten Gewissens abgeben.

NACH DER KLAUSUR

Sobald dir dein Lehrer dir deine Klausur ausgeteilt hat, wirst du nun entweder vor Freude in die Luft springen oder innerlich den Tränen nahe sein. Lasse dich nicht von deinen Emotionen beeinflussen – du hast noch eine Menge Arbeit vor dir, denn nach der Klausur ist immer noch vor der Klausur. Deine erste Klausur solltest du dazu verwenden, um dich auf die nächsten Klausuren vorzubereiten.

Meistens hinterlegen die Lehrer einen Bewertungsbogen, der folgende Kriterien der sprachlichen Richtigkeit und der Textgestaltung bewertet:

- Lexik (lexikalische Korrektheit)
- Grammatik/Syntax
- Orthographie
- Textaufbau (Struktur)
- Textgestaltung (Textfluss, direkte/indirekte Zitate)
- Sprachregister

- Wortschatz
- Satzbau

Finde deine Defizite heraus und arbeite an diesen, anstatt diese als unveränderbar anzusehen. Gerne kannst du auch nach der Klausur den Klassenbesten oder die Klassenbeste fragen und dich von dieser Klausur inspirieren lassen. Schreibe immer direkt auf, was du bei deiner nächsten Klausur verbessern möchtest. Du weißt nun, worauf der Lehrer besonderen Wert legt und kannst seinen Anforderungen entsprechend deine Texte gestalten.

GRAMMATIK

Wie bereits erwähnt, müssen wir uns auch der Grammatik widmen, um unseren Sprachstil zu verbessern. Es wird den Rahmen dieses Buches sprengen, alle Grammatikregeln aufzuführen, aber ich werde dir einige wichtige Regeln mit auf den

Weg geben – informiere dich am besten über grammatikalische Themen, die du noch als wiederholungsbedürftig erachtest.

Beginnen wir mit den Zeitformen:

Zeiten	Regel	Signalwörter
Present simple	I play the guitar ⇒ einfache Gegenwart ⇒ He, She, It – das "s" muss mit	Regelmäßigkeit: Always, usually On Saturdays, ... every day/month Often, sometimes, never Aufzählungen: First Then, after that Suddenly, finally

Present progressive	The boy is still jumping. ⇒ konj. "to be" + Verb + ing ⇒ Verlaufsform der Gegenwart	Passiert gerade in diesem Moment: Right now, just, at this moment, still
Simple Past	He played basketball. Did he play basketball? ⇒ Fragen immer mit did und Infinitiv ⇒ einfache Vergangenheit	Geschah in der Vergangenheit: Yesterday, last year, a minute ago
Past progressive	Last summer he was running without any break. ⇒ was, were + Verb + ing ⇒ Verlaufsform	Längerer Zeitraum in der Vergangenheit: While... During

	der Vergangenheit	
Present perfect	I have just done my homework. ⇒ have/has + participle ⇒ vollendete Gegenwart	Handlungen, die in der Vergangenheit begonnen haben und bis in die Gegenwart andauern: Already, just, (have you ever...?), yet, so far
Will future	I will see you next week. ⇒ will/won't + infinitive ⇒ Zukunft	Tomorrow, next week
Past perfect	As soon as she had opened the book, she fell asleep. ⇒ had + past	Handlungen, die vor Ereignissen in der Vergangenheit passierten:

	participle → vollendete Vergangenheit	After, when, as soon as

Was du auch auf jeden Fall beachten solltest, ist das Gerundium. Das Gerundium kannst du als substantiviertes Verb bezeichnen. Es macht deinen Sprachstil eleganter und kann dir für Zusammenfassungen hilfreich sein, da man mithilfe des Gerundiums lange Sätze kürzen kann. Die Bildung ist recht simpel: Infinitiv + -ing. Übungen hierzu findest du im Internet. Im Folgenden findest du Anwendungsbeispiele:

I ***consider*** starting my own business.

He ***denies*** doing the homework.

Kay ***avoids*** going to parties.

Imagine living in your own house!

I'm ***keen on*** meeting your family!

I ***regret*** having joined your group.

How about playing basketball?

This book definitely ***is worth*** reading.

I ***like*** spending time with my family.

There ***is no chance of*** meeting my cousin.

I ***apologize for*** being rude.

Um deine Texte kürzer und spannender zu gestalten kannst du dich der Partizipien bedienen. Beispiele hierzu wären:

The toys which are produced in China are very cheap.

☺ The toys ***produced*** in China are very cheap.

I saw a boy. He played basketball.

☺ I saw a boy ***playing*** basketball.

Du kannst ständige Wiederholungen vermeiden, indem du das Passiv verwendest. Dieses wird benötigt, um bestimmte Dinge hervorzuheben (und wenn das Subjekt der Handlung eine untergeordnete Rolle in dieser Handlung spielt). Bildung: to be + past participle

Kai reads a book.

☺ A book ***is read by*** Kai.

Leo wrote a song.

☺ A song ***was written by*** Leo.

Someone broke into the hotel room.

☺ The hotel room ***was broken into***.

Kai shouts at Sam.

☺ Sam ***is shouted at.***

Gerne kannst du zur Abwechslung auch die If-Clauses einbringen. Hier eine kleine Übersicht für dich:

Typ	Bedingung	If-Satz	Hauptsatz	Beispiel
1	Erfüllbar	Simple present	Will-future/ Hilfsverb + Infinitiv	If I dance, I will embarrass myself
2	In der Theorie erfüllbar	Simple past	Would + infinitiv	If I danced, I would embarrass myself
3	unmöglich	Past perfect	Would + have + past participle	If I had danced, I would have embarrassed myself

Es besteht auch die Möglichkeit, dass du in machen Aufgaben eine Aussage indirekt widergeben musst. Hierfür eignet sich die "reported speech" - also indirekte Rede.

"Do you think that robots can overtake our planet?"

☺ He was asked, whether he thinks that robots could overtake our planet

"Do you speak German?"

☺ He asked me if/whether I spoke German

Ich kann dir wärmstens empfehlen, diese Regeln zu lernen und selbst nach anderen Grammatik-Einheiten Ausschau zu halten. Die Anwendung dieser Grammatik beweist dem Lehrer, dass du die Sprache auf einem sehr hohen Level beherrschst und ist eher gewillt dir eine gute stilistische Note zu geben. Deine Texte müssten nun viel einfacher und fesselnder zu lesen sein, sodass du dich auf zukünftige Klausuren fast ausschließlich inhaltlich vorbereiten musst.

KONNEKTOREN

Nun kommen wir zu einem unersetzbaren Werkzeug, das deinen Schreibstil erheblich verbessern wird – Konnektoren. Diese kann man als Bindewörter bezeichnen, die dafür sorgen, dass deine Sätze spannender und strukturierter wirken.

Für jede Situation kann man verschiedene Konnektoren verwenden und ich werde dir nun passend zu den häufigsten Fällen einige Bindewörter mit auf den Weg geben.

Strukturieren/Argumente ordnen

- To begin with, …
- Above all
- First of all, …

- In the first place
- There's a broad agreement...
- Next
- Firstly... secondly... thirdly...
- On second thoughts (= bei näherer Untersuchung)
- Finally
- And last but not least...

Etw. Hinzufügen

- Moreover (=überdies)
- Further(-more) (=außerdem)
- While it must be admitted that...
- Likewise (=ebenfalls)
- Similarly (=ähnlich)
- Equally (=ebenso)
- In the same manner (=in gleicher Weise)
- Besides (=außerdem)
- In addition (=zusätzlich)
- Additionally, ...
- Little by little (=allmählich)

Gründe nennen

- Therefore (=deswegen)
- Thus (=folglich)
- This is why...
- For this reason
- So as to...
- In avoidance of...

- Considering...
- Given that...
- The reason for/cause of this is...
- Due to...
- For the purpose of... (+gerund)
- With the intention ot... (+gerund)
- In order to...

Vergleichen/Kontraste setzen

- In contrast to...
- Compared to/with
- In comparison with...
- Nevertheless (=trotzdem)
- On the one hand … on the other hand
- On the contrary
- However
- As a counterpoint to this...
- Having said this, one should also consider...
- While it is true that...
- Nonetheless
- As opposed to...
- Either
- Neither... nor... (=weder... noch...)
- Whereas (=wobei)
- Except/unless/apart from (= außer)
- Otherwise
- Analogously (=sinngemäß)
- Notwithstanding (=ungeachtet)
- In spite of this, … (=trotz dieser)

- Despite of...
- In any case (= in jedem Fall)
- At any rate (")
- Anyhow
- Although (=obwohl)
- Otherwise (=amdernfalls)

Dennoch

- Even so
- However
- Nevertheless
- Regardless
- In defiance of...
- Irrespective of...
- From another point of view
- Alternatively
- As opposed to (=im Gegensatz zu...)
- In opposition to
- In contradistinction to...
- Unlike...

Sich auf etwas beziehen

- With regard to... (= in Bezug auf)
- Referring to... (= unter Bezugnahme auf)
- With reference to... (= mit Verweis auf)
- Concerning (=bezüglich)
- According to...
- Apropos of...

- In terms of...
- As far as I'm concerned
- As a matter of fact, …
- The novel offers insight into...

Beispiele nennen

- An example of this is...
- For instance
- Including... (= dazu gehörend)
- More importantly, …
- Such as... (= wie zum Beispiel)
- Namely (=nämlich)
- For example
- With the novel X the author made a contribution to changing X
- In one of his songs Michael Jackson spreads the message that … - this expresses neatly what X is trying to say

Bekräftigen

- Undoubtedly (=zweifellos)
- I want to reinforce the satement that... (=bekräftigen)
- Indeed (= in der Tat)
- In fact (=tatsächlich)
- (Scientists) have consensus on...
- According to several studies/survery (=basierend auf Studien/Umfragen)
- Obviously (=offensichtlich)

- Clearly (=eindeutig)
- Let alone (= geschweige denn, …)
- Admittedly, (=zugegebenermaßen)

Eigene Meinung nennen

- In my view
- Personally, I believe that...
- In my opinion
- I'm convinced/persuaded that...
- I'm in favour of...
- I'm fond of/keen on...

Verallgemeinern

- On the whole
- In a sense...
- In short
- In general, ...
- To some extent/ to a certain extent
- Incidentally (=nebenbei bemerkt)
- Respectively (=jeweils)
- Mutual(=gegenseitig)

Konsequenzen

- Hence (=folglich)
- Consequently
- As a result of this...

- This means that...
- It follows that...
- Subsequently... (=folglich)
- On these grounds
- accordingly

Zusammenfassen

- In conclusion
- To conclude
- Eventually (=schlussendlich)
- At least, …
- To sum up, …
- To put it in a nutshell
- Taking everything into consideration, I think...
- Having taken all these factors into account
- In brief
- All things considered

Hiermit hast du einige sehr wertvolle Konnektoren in deinem Repertoire. Das einzige, was du nun machen musst, ist folgendes: Markiere die Konnektoren, die du bisher nicht kanntest und schreibe jeweils einen Satz, in dem du diese Wörter verwendest. Du kannst dir gerne auch Hilfe aus dem Internet holen und einfach die unbekannten Konnektoren nachschlagen, sodass dir Beispielsätze angezeigt werden, an denen du dich orientieren kannst. Du kannst deine Sätze in den letzten Seiten dieses Buches niederschreiben (Notizen).

OPERATOREN

In diesem Kapitel werden wir uns den am meisten verwendeten Operatoren der Aufgabenbereiche (AFB) 1-3 widmen. Ich werde dir zeigen, worauf du besonders achten solltest beim Bearbeiten der verschiedenen Aufgabenstellungen, sodass du bei jeder Klausur eine gewisse Struktur im Kopf hast.

Fangen wir an mit dem Aufgabenbereich 1 – dieser bezieht sich direkt auf den Inhalt des gegebenen Textes und von dir wird verlangt, die Informationen oftmals in deinen eigenen Worten widerzugeben.

SUMMARIZE

Der Operator "Summarize" verlangt von dir, dass du den gegebenen Text kurz und prägnant zusammenfasst, ohne diesen zu beurteilen. Sprachlich-formal solltest du hier besonders beachten, dass du den Präsens als Grundtempus verwendest. Wie gehst du nun vor? Lese zu allererst den Text gründlich durch und markiere einzelne Wörter bzw. Sätze. Vergewissere dich, dass du inhaltlich alles verstanden hast oder dir aus dem Sachzusammenhang erschließen kannst und schlage unbekannte Wörter notfalls nach. Nun kannst du dir einen Schmierzettel zur Seite legen und die wirklich wichtigsten Aspekte thesenartig aufschreiben und anschließend strukturieren. Dieser Schritt ermöglicht es dir, deinen Text kohärent zu verfassen und die Quintessenz des gegebenen Klausurtextes auf den Punkt zu bringen. Im nächsten Kapitel werde ich dir eine meiner Summaries zeigen, von der du dich inspirieren lassen kannst. Im Folgenden findest du einige wichtige Konnektoren, die dir helfen, bessere

Zusammenfassungen zu schreiben.

Der Autor bemerkt/sagt:

- To state
- To declare
- To observe
- To realize
- To notice
- To discern
- To remark
- To give voice to
- To annotate

Der Autor beurteilt:

- To assess something roughly
- To judge
- To question
- To review
- To evaluate
- To find fault with...

Der Autor deutet an:

- To hint
- To imply
- To suggest

- To signify
- To indicate
- To insinuate

Es wird deutlich:

- Notably
- Decisively
- Measurably
- Noticeably
- Notedly
- Distinctly
- markedly

Einleitung:

- In the excerpt/article "..." (author's name) mentions/questions/criticizes
- The article "...", written by "..." in 2019 focuses on "..."
- The excerpt of the novel "...", written by "..." in 1998 deals with the topic of "..."
- X presents/describes/discusses/refers to/shows the consequences of...

Hauptteil:

- At the beginning, …
- To begin with, …
- Additionally
- Next, he points out/mentions
- The reader gets to know/learns
- The topic of X is being introduced to the readers
- He observes/agues/claims/suggests/reports that/ conveys the message that/declares/asserts/stresses/reveals/states/ voices out/puts the process of "..." into words
- Along with...

OUTLINE

Im AFB 1 kann auch oft der Operator "outline" vorkommen. Dieser ist im Prinzip dem Operator "summarize" ähnlich, jedoch unterscheiden sich diese beiden in der Tatsache, dass du bei diesem hier einen speziellen Aspekt des gegebenen Textes heraussuchen solltest und ggf. auch implizite Punkte finden musst, die mit der Fragestellung zusammenhängen. Bei der Outline-Aufgabe kann ich dir ebenfalls empfehlen, erst einmal thesenartig deine Argumente zu strukturieren. Angenommen, du erhältst in der Klausur einen Text, in dem es um folgendes geht:

Ein junges Mädchen ist ungewollt schwanger geworden und befindet sich jetzt im Zwiespalt, da ihre Familie von ihr verlangt, dass sie das Kind abtreibt, und sie selbst sich dagegen sträubt.

Die Aufgabenstellung lautet wie folgt: Outline X's situation.

Du beginnst damit, dass die Protagonistin sich in einem Dilemma befindet und reißt kurz an, wie sie in dieses hineingelangt ist. Du schließt ab, indem du sagst, in welcher Lage sie sich jetzt befindet. Alles was nicht dazu gehört, lässt du weg – die Situation der Eltern z.B. ist unwichtig! Hier ein paar nützliche Satzstücke:

- (Bei einer Rede): in the course of the speech
- The author addresses the question of why...
- He underlines/highlights the importance of...

- Another key point
- According to the author

ANALYSE

Der Operator "Analyse" kommt häufig im AFB 2 vor. Als generellen Tipp kann ich dir sagen, dass du immer – wirklich immer – einen Einleitungssatz schreiben solltest, indem du erklärst, worum es allgemein in dem Text geht. Dieser dient dazu, den Leser elegant zum Hauptteil zu führen. Merke dir eines: Schreibe deine Texte immer so, dass du sie selbst auch gerne lesen würdest - niemand möchte aneinandergeklebte Satzstücke lesen. Achte auf den Lesefluss und deinen Ausdruck. Es kann oft vorkommen, dass du auch sprachlich-rhetorische Besonderheiten herausfinden musst.

Bleiben wir bei demselben Beispiel mit dem ungewollt schwangeren Mädchen. In der zweiten Aufgabe lautet die Frage so: Analyse how the author presents X's feelings. What attitudes and arguments is she confronted with?

Hier merkst du direkt, dass du zwei Fragen beantworten musst:

1. Wie fühlt sich die Protagonistin?
2. Wie reagieren andere Menschen in ihrem Umfeld auf ihre Schwangerschaft?

Um die erste Frage beantworten zu können, müssen wir zunächst einmal ihr Dilemma kurz beschreiben. Wir werden im Text nach Passagen Ausschau halten, indem explizit geschildert wird, wie sie sich fühlt. Allerdings müssen wir auch berücksichtigen, was der Autor implizit beschreibt. So kannst du z.B. folgende Punkte nennen:

Sie fühlt sich

- Schuldig
- Verwirrt
- Erschüttert
- Einsam
- Verbittert
- Verantwortlich für all das

Bei den Reaktionen ihrer Mitmenschen sollte man am besten zwischen den Zeilen lesen. Jedes Wort, jede Geste und jedes Lächeln, das der Autor beschreibt, kann von großer Wichtigkeit sein. Nicht immer steht explizit im Text, wie Personen reagieren oder sich fühlen.

Wieder erhältst du einige nützliche Konnektoren:

- Analyzing..., it can be seen that/said that/ is seems/ it is noticeable
- In order to link... with..., …
- … consists of...
- In particular
- Most compelling evidence
- Prior to...
- Coupled with...
- Provided that...
- The author puts forward the idea of...
- The author addresses the issue of...
- The author ridicules the idea of...

- The author gives a prejudiced/one-sided picture/ view of...
- Having a critical/objective/skeptical view of..., the author...
- The given text is subdivided in three parts...
- The author makes use of colloquial/informal/formal language
- The author's use of words and expressions like ".." and "..." shows...
- The author's attitude to... is expressed by his use of language like...
- The author's use of stylistic devices such as...and... emphasizes that...
- His choice of words reveals.../makes obvious/clearly shows...
- Evidence for... can be found when the author claims...
- The most striking stylistic device is...
- (Schluss): in essence.../Therefore,.../Briefly, it can be said/ given these points.../on the whole

COMPARE

Bei Vergleichen in Klausuren wird oft von dir erwartet, dass du den Klausurtext mit einer im Unterricht behandelter Lektüre vergleichst und eigenständig Gemeinsamkeiten und Unterschiede findest. Auch hier beginnst du wie gewohnt mit einer Einleitung, in der du kurz beschreibst, um was es in den beiden Werken geht und führst den Leser zum Hauptteil. Der Hauptteil sollte die wesentlichen Gemeinsamkeiten und Unterschiede beinhalten. Wieder wird von dir erwartet, dass du in Thesen schreibst. Gehe wie folgt vor:

These: Die beiden Werke unterscheiden sich/ähneln sich in der Tatsache, dass ...

Beispiel aus Klausur-Text: .... → Zitat

Beispiel aus Unterrichtslektüre: ...→ Zitat

Zitate solltest du einbringen, wenn dir während der

Klausur deine Lektüre vorliegt bzw. wenn der Lehrer es von dir fordert. Ansonsten kannst du diese auch weglassen. Du selbst kannst entscheiden, ob die Gemeinsamkeiten und Unterschiede, die du auflistest, alternieren sollen oder du im "Sanduhr-Prinzip" vorgehst. Die positiven und negativen Argumente werden ihrer Wichtigkeit nach angeordnet und anschließend gegenübergestellt. Abschließen solltest du, indem du deine Aspekte auf das Wesentliche noch einmal zusammenfasst und ggf. betonst zu welcher Aussage man generell nach dem Vergleich kommen kann. Warum hat dein Lehrer genau diesen Text ausgesucht? Wie können die Gemeinsamkeiten und Unterschiede begründet sein? Wichtige Konnektoren findest du hier:

- Equally important
- Identically
- Comparatively
- Correspondingly
- Among
- Amid
- All things considered

DISCUSS

Der Operator "discuss" impliziert die Erörterung eines bestimmten Sachverhaltes. Du solltest hierbei möglichst differenziert die Vor- und Nachteile abwägen und letztlich eine begründete Aussage treffen. Als Vorbereitung wäre es hilfreich, wenn du deine Argumente in einer Pro- / Contra-Tabelle gliederst. Versuche immer mindestens drei Vor- und drei Nachteile zu finden. Im Schlussteil solltest du alle genannten Aspekte abwägen und sagen, ob du dich für die Pro- oder Contra-Seite aussprichst. Du kannst gerne den Satz "The advantages outweigh the disadvantages" (oder umgekehrt) verwenden. Eine außergewöhnliche Leistung wäre es, wenn du einen Kompromiss finden würdest und so eine dritte Position zu diesem Thema hättest.

EVALUATE

Dieser Operator heißt ins Deutsche übersetzt so etwas wie "Beurteile". Du sollst also basierend auf den Unterricht und deine persönlichen Erfahrungen Stellung beziehen. Bereits im Hauptteil solltest du das Interesse des Lesers wecken, indem du z.B. mit einem Zitat einsteigst oder mit einer Anekdote aus deinem Leben beginnst. Führe den Leser nun zum Hauptteil des Textes. Beleuchte das Ganze nicht einseitig – es ist wichtig, dass du mehrere mögliche Sichtweisen auf ein bestimmtes Thema nennst, die sich auch widersprechen können - nach dem Schema à la “einerseits … aber man könnte auch...”.

Im Schlussteil solltest du sagen, was du von dem Thema hältst. Gebe deine persönliche Meinung wieder. Für den AFB 3 gibt es ebenfalls einige wichtige Konnektoren:

- In my view
- According to my opinion
- Generally speaking
- Concerning the topic given...
- Taking a closer look at...
- Experts believe
- To support this argument, one can come up

with different examples

- Considering all the aforementioned arguments that speak for and against...
- The question arises whether...
- Another argument that derives from the thought above is that...
- Opponents/proponents claim that...
- It is clear to me that...
- Undoubtedly
- Primarily, ...

COMMENT

Oftmals bekommst du als letzte Aufgabe ein Zitat, zu welchem du Stellung beziehen solltest. Beginne damit, dass du den Kontext erläuterst, und erklärst, was mit dem Zitat gemeint ist. Beenden solltest du diese Aufgabe damit, dass du einen weiterführenden Gedanken nennst. Überlege dir inwiefern das Zitat Auswirkungen auf die Denkweise der Menschen hatte bzw. ob das Zitat seine beabsichtigte Wirkung erreicht hat.

Nun bist du gewappnet für die gängigsten Aufgabenstellungen und kannst diese siegessicher bearbeiten. Natürlich musst du diese Lektionen anwenden und einprägen - dies machst du, indem du dir online Artikel heraussuchst und eigene Aufgabenstellungen dafür erstellst.

MEINE TEXTE

In diesem Kapitel zeige ich dir wie versprochen die Texte, die ich geschrieben habe. Solche Texte solltest du dir stets als Inspiration zur Hilfe ziehen und nützliche Redewendungen aus ihnen gewinnen. Gerne kannst du auch im Internet nach Zusammenfassungen, Discuss-Aufgaben und Comments suchen, um die besten Aspekte der Texte zu übernehmen.

Summary

The article "..." written by … in... focuses on the positive repercussions of AI on our future.
First of all, due to the exponentially growing improvement of AI, the futuristic technology is already influencing our daily lives. Unlike most of the manlike robots presented in many science-fiction movies, AI can take various shapes.
Nowadays narrow AI enables companies to execute certain tasks more efficiently than human beings

could do – but these abilities are limited so that "robots" still fall behind humans in terms of general cognitive abilities. In order to surpass the natural human intelligence, scientists set the goal of creating strong AI. The author sounds a note of caution concerning the danger of losing control over artificial intelligence, especially when autonomous weapons are involved due to the fact that a small technical mistake might cause many peoples' death.

While a few experts doubt that humans will be able to create general AI, others are convinced that AI will be a positive attainment for humanity, considering that it might erase bad living conditions from earth.

Many fear the fact that super-smart AI, being able to create even smarter AI, might have goals which are not compatible with ours so that we can be oppressed by machines.

The author claims that there is no reason to be afraid of malevolent AI but we shouldn't neglect the fact that misaligned goals are endangering human lives. It should be the scientists' goal to enable robotics to improve our future by minimizing the amount of possible side effects connected to AI

Comment

Aufgabe:

Comment on the following quote: "A dilemma is an extreme situation." Explain and give examples.

In everyday life we are confronted with decisions, which will affect our future. Mostly, we will take a rational decision and choose the option, which is less harmful for our future prospects. A dilemma is a special situation in which you have to decide between two or more options with equally drastic consequences. But can a dilemma be considered as an extreme situation?

On the one hand, a dilemma is rare and not every hard decision can be called a dilemma, so we are not confronted with dilemmas on a daily basis. Dilemmas are often attached to strong emotions and so a dilemma can be considered as an extreme situation. For instance, the protagonist of the novel "A long way down", had to choose between committing suicide or living with the guilt of having had a sexual relationship with an underaged girl. Coupled with the knowledge that this mistake will seriously impact his career and his private life, he is ready to die. His opposing feelings are his own will to live and his feeling of disgrace because of the loss of his reputation.

Helen, the protagonist of "Dear nobody" by Berlie Doherty is not sure which decision she has to take in order to minimize the impact on her future. Either she aborts an unborn child or she has to give up her career because she won't be able to finish school.

These situations are exceptions and they are connected to strong love and/or hate. On the other hand, a dilemma for person A is not necessarily a dilemma for person B because the impact or the interpretation of the bad consequences are subjective. So, telling your parents that you have a boyfriend from another country might have bad consequences for certain people but others won't consider this situation as a dilemma.

To sum up, whether or not a dilemma is an extreme situation depends on each person. Whenever a dilemma is connected with strong emotions, it can be called an extreme situation.

Discuss

Aufgabe:

Discuss the difficulties and chances of second-generation immigrants in Great Britain.

After the British Empire declined, many immigrants searched their fortune in the UK. Those immigrants had to work hard in order to offer their family a good life and they experienced discrimination on a daily basis. Nowadays, their children – the so-called second-generation immigrants - are living a much more pleasant life.

To begin with, discrimination still exists today, but not in such proportions it existed 50 years ago. Being from an ethnic minority is not a reason any longer to decline an applicant, quite the opposite, multinational companies prefer London as a location for their offices because of the linguistic variety of the staff they can recruit there. The percentage of graduated immigrants is more than twice as high as the number of graduated UK-citizens, according to several studies.

Second-generation immigrants are confronted with the gap between culture and western values and many neglect their mother tongue and focus more on the western culture which leads inevitably to an identity crisis. But this does not mean that they have to be separated from UK-citizens.

Another major difficulty for immigrants would be the lack of integration. If they live in their own community, they won't feel the urge to adapt to the British society and will experience a lot of disadvantages because of their isolation.

In a nutshell, second-generation immigrants have better chances to get jobs now but they have to care about not to focus completely on their parents' culture or to neglect their native culture. This new generation is only able to find its own identity by establishing a balance between indigenous and western values.

Aufgabe:

Discuss the possibilities and dangers of artificial intelligence.

Pedro Domingos expresses his concern in his interview about the arms race in artificial intelligence and raises the question whether AI enables an “enhanced” or “disrupted” humanity.

Many blockbuster movies dramatize the dystopian aftermath of AI, which makes many individuals afraid of a future dominated by AI and robotics. The transformational repercussions of AI might soon be upon us and many people ask experts like Noel Sharkey if super-intelligent computers will usher in a new era for humanity or destroy our planet.

To begin with, Domingos is convinced that the world can benefit from AI. This technology might help us to eradicate war, diseases and poverty but on the other hand, AI has alarming implications for military, individual privacy and employment.

Kai-Fu Lee stated that AI has the potential to optimize life, coupled with the knowledge that AI can deal with repetitive and redundant work, so that humans can shift their focus towards more creative tasks. Needless to say, that many jobs in the agricultural and manufacturing sectors will be executed by robots, which are able to work more efficiently and less time-consuming than human beings would work. But at the same time there will be a strong demand for educated employees, being able to understand and support AI by performing microtasks like analyzing data. When humans and machines work together, they will be less likely to make mistakes while performing important jobs.

AI and human-like robots can take risks on behalf of humans. Mr. Sharkey is sure that narrow AI is not able to overtake the earth but he voices out the fear of countries developing lethal autonomous weapons. Drones, which are unlikely to exhibit human emotions, can kill thousands of innocent human beings. Especially when scientists will be able to create strong AI, there is a high risk that AI could

replace us. Strong AI is able to work without human guidance so that every human being is in danger of losing his or her job.
There is also the danger of being hacked. It is a topic of speculation whether or not AI will be secure enough to resist hacking-attacks but hacking a super-intelligent might cause many deaths, for example when AI is used for traffic management. (…)
So, I think that AI has the ability to make us more human – we should be able to respect other human beings and share our wealth instead of isolate ourselves. We should embrace the idea of technological innovation because future isn't something we await but rather create. We are responsible for our own future; this means that we shouldn't neglect the positive aspects of AI but at the same time we mustn't be so naïve to be dependent on AI. If we use AI wisely, AI will surely be an enhancement for us.

Nun weißt du wie du die einzelnen Aufgaben bearbeiten könntest. Du merkst, dass die Struktur mehr oder weniger immer die gleiche ist. Es ist gar nicht so schwer, wie du denkst! Du kannst dein Englisch nur verbessern, indem du viel schreibst und das Feedback deines Fachlehrers oder einer anderen Bezugsperson beherzigst. Durch das Lesen vieler Texte auf Englisch entwickelst du ein gewisses Sprachgefühl und sammelst zusätzlich nützliche Begrifflichkeiten, die dir helfen, deine eigenen Texte besser zu gestalten.

Notizen

Notizen

Notizen

Notizen

Teil 3

Wertvoller Input für die Oberstufe

USA

Das Überthema "USA" im Lehrplan dient dazu, dass die Schüler nicht nur historisch wichtige Ereignisse kennenlernen, sondern auch um auf die modernen Probleme des Landes der (vermeintlich) unbegrenzten Möglichkeiten aufmerksam zu machen. Wir werden uns mit folgenden Unterthemen beschäftigen:

- American history
- The American Dream
- living together
- Political life
- U.S. and the world

American history

1492	Christopher Columbus discovers America
1620	Pilgrim fathers founded Plymouth Colony → saw America as their "New Canaan" and established first town in America
17th century	Africans brought to US as slaves
1754-1763	Seven Years' war between GB and France for control of American colonies → GB wins
1773	Boston Tea Party → protest against British tea tax
1775-1783	American Revolution → war of independence against GB → GB acknowledges the independence of the 13 British colonies

	→ establishment of the United States of America
04.07.1776	Declaration of Independence
1787	American constitution → idea of a democratic state and establishment of justice to form a more perfect union
1791	First ten Amendments are added to the Constitution (Bill of rights) → guaranteeing unalienable rights and freedom
1804	Begin of westward movement (Frontier Spirit)
1815-1915	Big immigration waves from Ireland, Britain and Germany
1861-1865	Civil war – conflict between northern states (the Union) and southern states (the Confederacy)

	Free the slaves and Union wins
1877-1964	Jim Crow Laws – discrimination of black population and segregation
1950's + 1960's	Civil Rights Movement
1964	Civil Rights Act → Abolishment of legal discrimination (Martin Luther King)

The American Dream

Definition:

- Rooted in the Declaration of Independence ("All men are created equal")
- Key concept within the American history, society and culture
- Based on equality (same opportunity), liberty (freedom guaranteed by the government) and hard work ("if you work hard, you will prosper")
- Life should be better, richer and fuller
- Dream of a social order: everyone should be

treated equally regardless of fortuitous circumstances of birth or position

- Minimum of state control
- From rags to riches → material dream

Key expressions:

Individualism	Idea of self-reliance & responsibility for one's own fate If a person is given the freedom and opportunity to develop, he/she will prosper. But: hard to establish welfare programs → "if you fail, it's your own fault"
The Puritans	Religious movement within 16th & 17th century English Protestantism 1620-1640: approx. 20000 Puritans emigrated to New England and founded some settlements Believed that American

	was the promised land (=New Canaan)
New Canaan	In the Old Testament referred to the land west of the river Jordan
Manifest Destiny	America's mission to democratize the world Justify its territorial expansion and imperialism → A. later becomes "global mediator" in political conflicts
Frontier	Moving westward → expanding the line of settlement
Independence Day	Declaration of Independence (written by Thomas Jefferson) was passed by Congress and adopted by all thirteen colonies on July 4, 1776.
Multiculturalism	Two competing concepts in society: assimilation and pluralism.

	Subcultures in one society might cause cultural fragmentation
Melting Pot	Idea that individuals of all nations are melted into a new race of men.
Civil Rights Movement	Mass protest movement against racial segregation and discrimination

Pro AD	***Con AD***
Equal opportunities	**Handicapped people won't receive as much financial help as in Europe**
Ideal to encourage people to give their best	**Being poor is perceived like an individual fault**
Social mobility	**Social mobility in the US is limited → actually lower mobility than in Europe**
Self-fulfillment and	**Might lead to individual isolation and**

self-improvement	**insecurity → the notion of "community" seems to rank lower than individualism**
Belief in the attainability of personal success	**High quality schools/colleges are very expensive**
Pursuit of happiness	**Ethnic minorities have a lower median income compared to the average salary**

American Nightmare

→ the illusion of A.D.

Pluralism: conflicts through melting-pot, illegal immigration, discrimination, gang wars

Equality: sex/ethnic disadvantages, no health system, huge class/social differences

Religion: oppression of minorities

Economy: Great Depression

Liberty: slavery, espionage, death penalty, gun and drug abuse, Co2 emission

Patriotism: excessive patriotism, racism

Minorities: Countries → South America, Asia

Problems → racism, inequality, exploitation

The Civil Rights Movement

- Since introduction of Jim Crow Laws: segregated public facilities (schools, busses, restaurants, swimming pools etc.)
- 1954: The Supreme Court rules that segregation in schools is unconstitutional
- 1955: NAACP member Rosa Parks refuses to give up her seat to a white passenger; her arrest leads to a bus boycott in Montgomery (AL) led by Martin Luther King
- 1956: Busses are desegregated in Montgomery
- 1957: King's principles of non-violent resistance and civil disobedience attract many followers
- 1962: James Meredith is the first black student to go to the University of Mississippi

- 1963: over 200000 people join the March on Washington: MLK: "I have dream"
- 1964: Civil Rights Act → BUT: social injustices and inequalities remain a problem until today

The role of the US in the 21st century:

- Global mediator/police in terms of international conflicts and terrorism
- A.D. has come to be seen more critically
- Financial crisis in 2008
- Technical revolution/ new inventions
- International relationships
- Donald Trump → "America first" & War against North Korea
- Espionage (NSA)
- Trump is phrasing out programs established by Obama to protect immigrants → deportation
- Customs and import restrictions could cause trade wars
- Environment and climate protection: leaving

the Paris Climate Agreement & undo the exhaust restrictions

Vocabulary and phrases

- The novel "..." draws attention to the intolerance and racism in the American society and calls for fair treatment, equality and mutual understanding
- The chasm (=gap) between the rich and the poor
- The American dream consists of the notion that a person will achieve his or her goals and improve his or her position in life, if this person works hard
- America has failed to live up to its ideals
- Is the American Dream attainable for everyone?
- Certain people equate being born in America to winning the lottery
- For non-white Americans, burdens to the American Dream are even more difficult to overcome due to factors like the racial wealth

gap, which can persist even after higher education is attained.

- The Civil Rights Movement was a struggle for social justice
- Even though the Civil War had officially abolished slavery, blacks continued to endure the devastating effects of racism, especially in the South
- In order to marginalize blacks and to keep them separated from whites and erase the progress they'd made during the era of Reconstruction, the "Jim Crow Laws" were established in the southern states.

Quotes

"America preaches integration but practices segregation" - ***Malcom X***

"Remember, remember always, that all of us, and you and I especially, are descended from immigrants and revolutionists." - ***Franklin Roosevelt***

"The Constitution only guarantees you the right to pursue happiness. You have to catch it yourself." - **Benjamin Franklin**

"For many, the American dream has become a nightmare." - **Bernie Sanders**

"It's called the American dream because you have to be asleep to believe it." - **George Carlin**

GREAT BRITAIN

Main aspects:

- The British Empire
- The Commonwealth
- Political life
- Multiculturalism
- Issues
- Britain & Europe

The British Empire

1215	Magna Carta → gave all "free men" the right to justice and a fair trail → Everyone must obey the law → human rights guaranteed

1558	Queen Elizabeth the first → begin of Elizabethan Era → Beginning of colonization and overseas commerce
1583-1783	First British Empire: established because of economical and commercial reasons (USA)
1600	Establishment of the East Indian Company
1689	English Bill of Rights → free elections → constitutional Monarchy
1707	Act of Union between Scotland and England → **Great Britain**
1783 ~ early 20th century	Second British Empire →Colonization of Asia, Australia, Canada and Africa

	End: GB founded the Commonwealth
1801	Act of Union → **United Kingdom**
1947	India gains Independence
1962	Commonwealth Immigration Act → in order to stop the influx of immigrants from Commonwealth countries
2016	Brexit

→ The British Empire covered about a quarter of the world's land surface

→ The sun never sets on Brittania's Empire

→ was a powerful & wealthy nation

→ technological advances and innovation

→ industrial revolution (18th century):

- inventions → steam engine, machines
- Industry → factories, mass production, division of labour, consumcrism, low prices
- Society → minimum wage, urbanization, miserable life quality / working conditions

Motives of colonization

Trade	Secure trade routes
Economics	Increase Britain's wealth
Politics	Urge to prevent other European countries from becoming too powerful → hegemonic power Scramble for Africa → rivalry
Religion	Desire to spread Christianity
Adventure	Explore new places

Moral Justification

- The British thought they were the finest race in the world
- Urge to "civilize" other "barbaric" nations
- Saw it as their duty to spread the British lifestyle

What changes did the Empire bring about?

- Introduction of legal-, transport- and education system to colonies
- Improved living conditions
- New technologies
- The right of self-rule
- Better medical care
- Improved quality of life
- Improvement of infrastructure and economy in colonies
- Profit from raw materials
- Many former colonies are now parliamentary democracies with a legal system based on British law
- English is still the main or secondary language

But:

- Oppression
- Displacement
- rootlessness

- Colonies were forced to adapt to the British lifestyle
- Native spiritual beliefs were discredited
- Indigenous people were enslaved and regarded as barbaric
- Exploitation of colonies
- Loss of cultures and traditions

The Commonwealth

- Is a loose confederation of independent nations of mostly former members of the British Empire
- Today, the Commonwealth's 1.7 billion People in 54 countries make up 30% of the world's population
- Officially its purpose is to advance democracy, human rights and social development
- It is bound together by a common working language and similar systems of law, public administration and education
- All citizens of former Commonwealth nations

were allowed to migrate into the UK (especially England needed immigrants because of skilled worker shortage)

Multiculturalism

The term "Multiculturalism" is referred to the presence and the tolerance of several distinct cultural or ethnic groups within a society. Multiculturalism is the direct result of the British Empire and Commonwealth. During the last two centuries over nine million people have moved to Britain.

Melting Pot	**Salad Bowl**
=assimilation	=pluralistic co-existence of different cultures
People of different cultures, races and religions melt together and form a new race of men → cultural mixture	People of different cultures, races and religions keep their traditions → no cultural mixture → ethnic diversity
Homogenous culture	Heterogenous culture
One national identity	More diversity → integration instead of assimilation
Loss of culture	Consequences: → potential for racism

Example: America	and prejudices → People prefer to stay in their cultural circles (group building) → Fanatism and radical minded people Example: Great Britain

Reasons for Immigration

Family
Profession
Education
Safety

Pro & Con of Multiculturalism in GB

Pro	Con
Cultural diversity	Fear of losing the own culture and job to immigrants
Enriches the society (broaden your horizon)	British become a minority in their own country
Immigrants helped Great Britain to prosper	Ethnic minorities isolate themselves
Skilled migrant labour	Racial tensions and cultural clashes
People develop an attitude against racism and are more open-minded	Language barrier & discrimination of

and tolerant	employees (even 2nd generation immigrants)
Multinational companies prefer London because of the linguistic variety of the employees they can hire there	Perceived as a drain on welfare system
	Riots and delinquency
New innovation	Identity crisis of 2nd generation immigrants and oppression of women

2nd generation immigrants are caught between two sets of moral values and between two cultural spheres. They are forced to meet contradicting expectations because the first generation expects its children to preserve indigenous values of their home country. In order to lead an economically successful life, the 2nd generation immigrants have to absorb the western values of Great Britain. Many immigrants struggle to find their own identity in this split society.

Policy

The immigrant policy of Great Britain is more about to tolerate the immigrants but doesn't actively care about their integration. This is the primary cause for why the society in the UK splits more and more apart.

81% of the Muslims in the UK identify themselves as Muslims and not as Britons in the first place.

Organization

- Constitutional monarchy with a parliamentary system
- Constitutional monarchy: Monarch (head of state, power severely limited, three rights: be consulted/advise/warn)
- Laws: Parliament, executive power, government, headed by the Prime Minister
- Parliamentary democracy: two houses (House of Commons: 659 elected members of Parliament; House of Lords: appointed 700 members)
- Queen: executive/representative functions, appoints Prime Minister
- Prime Minister: strong position, leading government, appoints member of cabinet, decides date of general elections

- Cabinet: approx. 100 ministers, PM presides over the cabinet
- General elections: 659 constituencies (electoral districts electing one member of Parliament by majority vote; every five years)
- Parties: Two big and one smaller (Labour Parry, Conservative Party, Liberal Democratic Party)

Brexit

Pro	**con**
Expensive to run	Creation of the world's largest international trading market
Security risk → open borders	End of war between European nations
Foreign affairs	Co-operation on continent-wide immigration policy
Sovereignty	tourism
Trade	Strong economic growth
Jobs	International students
Business	Loss of domestic markets

Quotes

"Brexit was a fantastic example of a nation shooting itself full in the face." - ***Hugh Grant***

"Brexit was the first brick that was knocked out of the establishment wall." - ***Nigel Farage***

"The British have chosen liberty with Brexit and can congratulate themselves every day" - ***Marine Le Pen***

"The multicultural approach, saying that we simply live side by side and live happily with each other has failed." - ***Angela Merkel***

"The worst thing that colonialism did was to cloud our view of our past." - ***Barack Obama***

SOUTH AFRICA

1652	Dutch settlers arrived to establish Cape Colony
1795	British occupy the Cape Colony
1803	Territory is returned to the Dutch
1806	British once again gained control → natives were declared as British subjects
1833	Slavery is abolished by the British
180-1881	First Anglo-Boer war
1889-1902	Second Anglo-Boer war
1910	Independent Union of South Africa: consisted of former British colonies
1912	ANC was founded → protest against

	segregation and discrimination of blacks
1914	National Party founded
1934	Status of the Union Act: declares SA's independency from GB
1948	National Party won the national elections: Begin of Apartheid
1949	Prohibition of mixed marriages act
1950	Group Areas act
1953	Bantu Education act
1959	Pan-African congress (PAC) → more radical and violent version of ANC
1960	Sharpeville Massacre → ANC and PAC banned
1961	ANC and PAC formed armed branches to fight against the apartheid system

1964	Nelson Mandela is sentenced to prison (27 years)
1976	Soweto Massacre
1989	F.W. de Klerk became elected president → begins to end Apartheid
1990	Nelson Mandela released from prison
1994	First free democratically elections: Nelson Mandela becomes first democratic elected president
1996	Truth and Reconciliation Commission

Apartheid main ideas

1. "The population of South Africa consists of four racial groups: Africans, coloured, Indians, whites" → society divided into four groups
2. "Whites are the civilized race, were entitled to

have absolute control over the state." → Whites are "the superior race"

3. "White interests should prevail over black interests and the state was not obliged to provide equal facilities for the subordinate races" → Equality was not rooted in law; whites could do whatever they wanted to do
4. Whites are descendants from Dutch and British settlers, whereas blacks belonged to several small nations. Even though the whites are the minority, they had over 90% of the land and the apartheid system was a tool to keep up the white supremacy.

Laws

Prohibition of Mixed Marriages Act → sexual relations between blacks and whites were forbidden

Population Registration Act → classified South Africans into four racial groups: Whites, Coloureds, Africans and Indians

Group Areas Act → determined which areas in a city were reserved for which racial group

Bantu Authorities Act → blacks were supposed to live in "homelands" and lost their citizenship (no civil rights)

Separate Representation of Voters Act → Blacks were not represented in the parliament

Bantu Education act → changed school system for black pupils

Suppression of Communism Act → gave government almost unlimited power to outlaw opposition

Situation in Townships

- Interracial segregation
- Overcrowded
- Poverty and sorrow
- Inhumane conditions
- Living in shacks
- Lack of educational systems

- Migrant workers
- Impunity of criminals
- Glorification of violence ("necklacing") → masculine identity
- No solidarity
- Rape

Important groups and events

National Party

- Racist political party in South Africa (white people)
- Founded in 1914
- Governed from 1948-1994
- Tried to keep white supremacy
- Introduced racist laws to oppress non-whites

ANC

- African National Congress
- Founded in 1912
- Mostly black members

- Stands up for racial equality, justice, freedom & fairness
- Was banned from 1960-1990
- Tried to prevent violence & to keep peace
- → separation (violent/armed military wing tried to fight violently for more rights)
- Protests, demonstrations, sabotages

PAC

- Pan African Organization
- Founded in 1959 as a more radical split-organization of ANC
- (armed) resistance movement
- Organized the protest causing the Sharpeville Massacre
- Also banned from 1960-1990

Umkhonto Sizwe

- Armed wing of ANC while being banned
- Founded 1961 (after Sharpeville Massacre 1960)
- Majority in ANC agreed that they could no

longer limit themselves to nonviolent protests, because it was not successful so far
- Fight against government
- Leader: Nelson Mandela

Truth and Reconciliation Commission

- Court-like justice body introduced after the first democratical elections in SA in 1994 to reveal political motivated crimes during 1948 and 1994
- Victims or offenders of crimes could give statements/confessions
- Idea: enlighten crimes
- Problem: Predators were given impunity to make a confession possible
- Chairman: Desmond Tutu

Acts of protest against the Apartheid-System

- Chanting freedom slogans
- Songs/poems about freedom (cultural boycott)

- Graffiti with political slogans in public places to circumvent censorship
- Necklacing
- Boycotting schools and protesting
- Attacking white people (or those who support apartheid)
- International: Embargos and stars criticizing SA

Specific acts and events against apartheid

The Sharpeville Massacre (Protest March)

- 1960
- Demonstrations from black citizens
- Peaceful protest in Sharpeville against the pass laws was organized by PAC
- People wanted to demonstrate peacefully but white policemen started shooting → 69 People were killed

- Turning point → change from non-violent protests to violent protests

Soweto Uprising (protest march)

- June 1976
- Peaceful protests of students against the unfair education system (black consciousness movement)
- This event mirrors young generation decided to take its destiny in its own hands
- More than 600 people were killed by policemen

Current situation in SA

- High crime rate
- No health care
- Corruption
- Poverty
- Unemployment
- Diseases
- Violence and gang wars

Vocabulary and phrases

- Apartheid was introduced in a period when other countries were moving away from racist policies
- Most of the non-white population was dependent on migrant labour
- The (armed) struggle against apartheid
- The Sharpeville Massacre caught international attention
- Steve Biko as one of the leaders of the black consciousness movement dedicated his life to the liberation of black people
- The government had almost unlimited power to outline oppositions under the pretext of fighting against communism

Quotes

"Without education, you're not going anywhere in this world." – **Malcom X**

"The most potent weapon in the hands of the oppressor is the mind of the oppressed." - **Steve Biko**

"It always seems impossible, until it's done." - **Nelson Mandela**

"Nonviolence is a good policy when the conditions permit." - **Nelson Mandela**

"I liberate minds with my music. That's more important than liberating a few people from apartheid or whatever." - **Kanye West**

SCIENCE & TECHNOLOGY

Challenges of the 21st century

- Global warming
- Internet technology
- Cyber security
- Surveillance
- Genetic engineering
- Artificial intelligence

Science

- Characteristics: unchangeable / constant development
- Genetic engineering: **reproductive** (cloning, artificial insemination, designer babies) and **therapeutic** (cell-biology, stem cells, biotechnology, psychology, medical immunity, Human Genome Project (decode / identification of human DNA)
- Agriculture: GM foods (changing the genetic code of food)
- Controversy: moral questions, depends on national / international rules and regulations

Public Surveillance

Pro	Contra
Feel secure	Loss of privacy
Prevent terrorist attacks	Misuse of private data → voyeurism
"If you don't have anything to hide, surveillance and "Data trawling" is not a problem	Interception of ill-wishers is hard, effectiveness is doubted → does little to deter f. ex. suicidal bombers
Filtered by keywords	Many criminals avoid those keywords or transfer their activities to the "Dark Net"
Governments need a legal warrant to collect private data	Commercial exploitation of personal data and manipulation of people's opinion
Solve past crimes	Requires money, efficient programs and experienced IT-experts
Criminals are less willing to commit a crime (fear of being caught)	Data trawling to get some information about terrorists can be compared to searching a needle in the haystack → adding more hay doesn't simplify this process There is no simple solution for complex terrorism

Provide evidence and gather clues	If we let our elected governments undermine our freedom, the terrorists are winning We are moving towards a surveillance state

Genetic engineering

Every living thing contains DNA-material fused together into genes, which determine the appearance & certain character traits inherited from our parents and passed to our next generations. Sometimes these materials carry errors (f. ex. Illnesses). Scientists have developed a tool called CRISPR in order to identify and replace damaged DNA. CAS 9 enables scientists to change a faulty gene with a healthy one or to insert a completely new gene. The term gene-editing refers to the procedure in which genes are removed from or added to human embryos. Genetic engineering is already transforming genetic research and so it's crucial that we weigh the potential benefits against the negatives.

In a nutshell: Genetic engineering can be seen as a controlled manipulation of genes in an organism to improve it in some way e.g. to improve robustness or yield of crops and livestock and to cure human diseases.

Application of genetically modified organisms:

- Biological and medical research
- Production of pharmaceutical drugs
- Agriculture

Pro	Contra
Potential to rid the planet of fatal illnesses & harmful inherited medical conditions	Can be used to create "upgraded" humans
Transform agricultural science	Might affect the gene pool →Potentially affected individuals could extend many generations into the future
Plants: can make crops more nutritious, disease resistant & able to grow in difficult conditions (Africa)	Has unforeseen risks Disrespecting dignity of life
We have to unlock its potential to provide life-changing solutions to some of the world's biggest challenges	Can't stop it once it started (Slippery slope towards the destruction of what we understand as "human being"), who will set the limits?
It already exists	Editing f. ex. The eye

preimplantation genetic diagnosis (PGD)	colour has no bearing on health → designer babies
It is an option not a requirement Helpful for infertile couples	Might lead to an arms race between countries in order to have a military full of gene edited soldiers
Increases human life span up to 30 years	Eugenic mind set → parents might misuse it for superficial purposes
Create new human abilities	A baby cannot consent to have its body altered
Natural process of developing → part of evolution	Gap in society
Racial equality because everyone would look the same	No individualism, perfection isn't something we should aspire

Consensus:

- need for elaboration of framework for scientists and international guidelines → evaluation before any clinical application of genome editing
- Monitoring of children born with edited genes and central registry with transparent database of ongoing work
- Require international cooperation

- Might misuse or underuse technology

Saviour siblings

- A saviour sibling is a child, created in-vitro in order to donate stem cells and blood to an already existing sibling suffering from f. ex. Leukemia
- Because there is a high risk of cells from people who are not blood-relatives being rejected

Pro	Contra
Pre-selected embryos potentially save ill siblings	Turns donor-child into an object → no choice & treated like a living resource
Gives hope to the family	Some embryos are destroyed
Saviour sibling will feel useful	Saviour sibling risks his or her life during operations
The only medical help that can save lives and prevent suffering	The saviour sibling might not feel loved as much as the ill sibling or vice versa
	Can be impacted mentally → especially when sick sibling dies

Stem cells

- Capable of developing into cells that serve numerous functions in different parts of the body
- Have the ability to divide and make indefinite number copies of themselves whereas other cells can only replicate a limited number of times
- Embryonic stem cells: harvested from human embryos during a process called "in-vitro fertilization" → pluripotent, raises ethical concerns for people who believe that the destruction of a fertilized embryo is morally wrong
- Adult stem cells: come from developed organs and tissues in the body → used by the body to repair and replace damaged tissue. Adult stem cells can't differentiate into as many as other types of cells as embryonic stem cells can

Criteria of living things

- Development and reproducement
- Independent movement
- Reflexes and senses
- Metabolism
- Mortality
- Adaption

Life is only valuable because we are mortal individuals → learn to appreciate our lives because our time on earth is limited

Artificial intelligence

Pro	Contra
enhancement	Can be used as a weapon → arms race and lethal autonomous weapons
Can execute time-consuming and redundant work so that human can devote themselves to more creative tasks	Might cause job losses
Take risks on behalf of humans	Lack of judgement calls → only thinks rational and no human emotions
Does not require any	Expensive to implement

breaks from working	
AI's full potential might be used with inhospitable or good intention	Human dependency on machines
Unlock the potential by minimizing the pernicious effects	Regulation is necessary to prevent misuse
Potential to eradicate war, poverty and harmful dise-ases	Lack of transparency
Tool to explore the mys-teries of our world	Hacking-attacks
Explore new planets	Autocratic governments might use AI to oppress the population
by knowing what diffe-rentiates us from robots, we will show more em-pathy and gratitude	

Vocabulary and phrases

- The transformational consequences of AI may soon be upon us
- Will super-intelligent computers usher in a new era for humanity – or replace us?
- Will the cognitive abilities of robots surpass our own abilities?
- The rate of progress seems to be accelerating

- People find it both fascinating and frightening that certain machines can execute tasks without human guidance
- This technology is unprecedented in history
- The impact of AI on employment has always been a topic of speculation
- AI has penetrated almost every industry
- Companies have to prepare professionals for a new wave of change brought by innovations in robotics and AI
- There will always be a high demand of employees performing microtasks like data analysis in the job market
- Will we control intelligent machines or will they control us?
- Experts have expressed concern
- Robots are unlikely to exhibit human emotions
- Intelligence enables control
- We have the luxury problem of information overload
- In recent years advances have been made in terms of...

- In order to reap the benefits of AI without creating new problems, we need to answer many important questions
- Elon Musk envisions that … in the future
- we are accustomed to having the world's information just a click away
- It will only be a matter of time until...
- AI has alarming implications for the military, individual privacy and employment
- The outcome of this is no longer in doubt
- The future of AI is bright – but the brighter it becomes, the more shadows it will cast
- Climate change becomes a growing threat
- The future isn't something we await, but rather create.

Quotes

"Arguing that you don't care about the right to privacy because you don't have nothing to hide is no different than saying you don't care about free speech because you have nothing to say." - **Edward Snowden**

"The saddest aspect of life right now is that science gathers knowledge faster than society gathers wisdom" - ***Isaac Asimov***

UTOPIA & DYSTOPIA

Utopia

- The term "utopia" was first coined by Thomas Moore
- Used to describe fictional societies set in a distant place or in the future with faultless social, legal and political system
- Until 19th century: utopian visions of society predominated → because the technological process was largely seen as a positive impact on society
- Connected to socialist ideas such as an egalitarian distribution of goods

Dystopia

- Pessimistic visions of future societies ("anti-utopia" / antithesis of utopian society)
- Often characterized by a non-democratic form of government and the suppression of the individual → freedom is severely limited, only ruling class is living in luxury
- The standard of living among the bulk of population is generally poorer than in the contemporary society
- End of 19th century: power of science and industrialization created anxiety concerning the future → feeling of world wars, emergence and of totalitarian states
- Main aim of dystopian stories: criticize negative tendencies in contemporary societies, which – if unaddressed – may become uncontrollable in the future → warns us about our present-day society by exposing trends and tendencies towards totalitarian control

Current challenges

- World population is growing & natural resources are decreasing
- Demand for sustainability
- Balance between the needs of present and future generations
- Social gaps
- Authoritarian regimes
- Distribution of wealth and needs

Controversial development:

1. Internet technologies

- revolutionized communications (e.g. social media)

- transfer of data access to information - Fears: loss of privacy, methods of surveillance and espionage, commercial exploitation of

personal data, propaganda (misuse of mass media), psychology torture → democratic values!

2. Genetic engineering

- cure presently incurable diseases, extend their life span

- GM → reduce hunger and malnutrition

- Fears: unforeseen effects on flora and fauna, increases the dependence of farmers on big

biotechnology corporations

→ human beings play god

→ irreversible

3. Artificial intelligence and robotics

- make our lives easier

- development of driverless cars, bionic body parts, robots, drones, Google Glasses

- Fears: robots are stronger than human brains → dysfunction can lead to a worldwide chaos, misaligned goals

Vocabulary and phrases

- Global warming: an increase in the earth's average atmospheric temperature that causes corresponding changes in climate and that may result from the greenhouse effect
- Climate change: refers to seasonal changes over a long period of time with respect to the growing accumulation of greenhouse gases in the atmosphere
- Totalitarian: political system in which those in power have complete control and do not allow people freedom to oppose them; key traits → ideology, methods of enforcement, dictatorship, one-party rule
- Socialism: the set of beliefs → according to them: all people are equal and should share a nation's entire wealth
- Communism: belief in a society without diffe-

rent social classes in which the methods of production are owned and controlled by all of its members; everyone receives what he/she needs

- Surveillance: observing a person; often by the police or institutions like the NSA, because a crime is expected

Quotes

"Perhaps the greatest utopia would be if we could all realize that no utopia is possible; no place to run, no place to hide, just take care of business here and now." - ***Jack Caroll***

"Utopia means elsewhere" - ***John Malkovich***

GLOBALIZATION

Definition of Globalization:

Globalization represents the largest economic and social shift since the Industrial Revolution, a process of growing links between societies and problem areas and a process of surmounting limitations created by history. For this reason, it is synonymous with erosion (but not with the disappearance) of national state sovereignty, and exhibits itself as the freeing up of the market economy from the moral order and institutionalized ties of society.

Problems of Globalization

Politics:

• International affairs more important than nationals

• Cooperation

• Clash between political systems

Economy:

• Rich countries take advantage of poor countries

• Working conditions

• Cultural dependency

• Global player

Society:

• New ways of communication (e.g. : chat, internet)

• Global village

Culture:

• "Americanization"

• traditional language

Environment:

• global warming

• deforestation of tropical rainforest

The three eras of globalization

First era:

• from 1492 to 1800

• discovery of America

• knitting the world together - world size big to medium

• used muscles, horsepower, wind power, steam power

Second era:

• from 1800 to 2000

• interruptions: Great Depression, World War I, World War II

• world size medium to small (falling transporting

costs, falling telecommunication costs)

• birth and maturation of a global economy

• movements of goods and information → global market

Third era:

• From 2000 to ?

• More power than ever to go global as individuals

• World size small to tiny

• More opportunities to work (international)

• Driven primarily by European and American individuals and businesses but soon states like China will take control

• Empowering individuals

Pro	Contra
Everybody is given the chance to succeed in life	Gap between countries
Increases the overall development of the world because every country is affected by the consequences	Many countries cannot benefit from the global market because the power of single companies is growing
Global market and international trade	Not enough jobs for everyone
Internet and communication and exchange of knowledge	Negative impact on environment due to new lifestyle
Travelling	Loss of culture and tradition
Decrease of racisms → get to know new cultures	Dependency on other nations

Consequences

• *Economy:*

o International trade: Liberalization of trade barriers/

trade agreements/ economic blocks, constant demand for consumption, use/ discovery of resources, cost reduction/ efficiency/ division of labour, reorganization of work

o Global business organizations: Multinational corporations (MNC), Global Players, banking system

• *Technology:*

o Advancement/ inventions/ breakthrough/ innovation/ improvements in technology/ science/ medicine/ IT/ communication technology

• *Territory/ Infrastructure:*

o Logistics: Transportation (railway, automobile, ship, aircraft), Infrastructural enlargement/ standardization

o Human transportation: International tourism, no limitation to travel

• *Information/ Media:*

o Global information system: World Wide Web, exchange of data/ research, (Google), Internet/ virtual community/ social network (YouTube, Facebook,

Twitter)

o Exchange/ homogenization: Music, literature, art, religion, television, Americanization, mass media, pluralistic views on globalization

• *Culture:*

o Exchange/ homogenization: Music, literature, art, religion, television,

o Multilingualism: lingua franca

o Sports: Olympic Games, FIFA World Cup, popular/ global events for every sports, competition

• *Politics:*

o Supranational/ international organizations/ institutions: European Union, WTO, G8, International Criminal Court, Interpol

o Non-governmental organizations (NGO): UN, Red Cross

• *Population:*

o Overpopulation: Urbanization, continuous/

exponential growth

o Health: World Health Organization (WHO), UNICEF, World Food Program (WFP), Millennium Development Goals, fight against infectious diseases (HIV, tuberculosis)

• Workforce: immigrant workers, low-wage countries

• Migration: Immigration, emigration, foreign workers

• Natural environment:

• Climate Change: Global warming, deforestation, catastrophes/ material wealth, control by humans

Discussion

• *Pro-arguments:*

o Economy: International trade (positive impact on GDP/ growth, generation of capital, investment in poorer countries, free trade of goods, liberalism, competitive markets, price regulation, innovation through demand, fair trade, outsourcing) o Technology: Advancement/ inventions/ breakthrough/ innovation/ improvements in technology/ science/ medicine/ IT/ communication technology, Agricultural advancement (Elimination of famine, possibility of better crops which are well-adjusted to different climates, resistant against different vermins and designed to produce a better, possible increase in production and earnings), Genetic engineering (growing organs, saving of endangered species, possible elimination of unpleasant and / or deadly diseases

o Territory/ Infrastructure: Human transportation (International tourism, no limitation to travel, elimination of borders, greater mobility)

o Information: Media Global information system (Accessibility, permanent disposal, Information, distribution, publication, actuality/ topicality, simplification, unlimited, sharing, equality, friendship, participation at political changes/ revolution), Exchange/ homogenization (Music, literature, art, religion, television, Americanization, mass media, pluralistic views on globalization) o Culture: Multiculturalism (Tolerance regarding social issues, connectivity

o Politics: Global civics (social contract between world citizens, interaction/ interdependence, community/ shared morality), Supranational/ international organizations/ institutions (mutual support/ international solidarity, understanding due to stronger interdependencies, global democracy. Human rights, equal rights, efficient exchange of information/ shared advantages, supranational responsibility, human rights, collaborative combat against criminality/ crime/ violation/ theft, amelioration/ flexibility of economic trade/ travel/ workplace/ education, uniform laws/ nature conservation/ currency, conservation of peace)

o Population: Overpopulation (Urbanization, continuous/ exponential growth), Health (World Health Organization, UNICEF, World Food Program, Millennium Development Goals, fight against infectious diseases), Workforce (immigrant workers, low-wage countries), Migration (Immigration, emigration, foreign workers) o Natural environment: Climate Change (shared consciousness, international projects/ measures/ norms/ rules/ aims against pollution, renewable energies)

• *Contra-arguments:*

o Economy: International trade (Poverty/ pauperism, monopolies/ lobbying, alienation, mass unemployment, labour condition/ abuse, outsourcing, lack of effectiveness/ evidence, losing local economies, exploitation/ accumulation of capital, outsourcing), Capitalism (Recession/ Depressions/ economic crisis, risk of instability/ speculation, excessive consumerism, merchandising/ populism, profit seeking, reduction to financial value, no morality, disposable society, class system, materialism. Superficiality),

o Organized criminality: drug trade, human trafficking, counterfeiting

o Technology: Misuse (nuclear energy, designed humans, genetic engineering/ cloning, biotechnology/ gene mutation, unknown long-term forecast, possible cutback in biodiversity and great risk of increase in monocropping)

o Information: Global information system (No guaranty of scientificity/ credibility/ authenticity/ objectivity, popularisation of information, convenience society, mass/ confusion, cyber attacks, superficial friendships, anonymity, censorship, data privacy, criminality)

o Culture: Multiculturalism (loss of individuality/ tradition, assimilation, loss of trust/ identification, disparities in mentality/ religion, loss of languages, Westernization)

o Politics: Supranational/ international organizations/ institutions (Public control, global governance, difficulty of finding mutual interests/ forming decisions due to national interests), Conflicts (Wars, positioning in world politics, provocation, change in world system concerning economy/ power/ rank)

o Population: Health (spread of diseases, contagiousness, infectiousness), Workforce (competition, immigrant workers, low-wage countries, weak labour unions, migration, child labour, prostitution), Overpopulation (malnutrition, famine, lacking water, lacking living place, hygienic condition), Social (disintegration, discrimination, inequality, elite)

o Natural environment: Climate Change (global warming, greenhouse effect, water crises, energy consumption, exploitation of nature, deforestation, Greenwashing, lack of sustainability, species extinction, invasive species/ instability of ecologic system, economical priority, natural catastrophe, peak resource, destruction of habitat)

The World Trade Organization (WTO)

- General Agreement on Tariffs and Trade was signed in 1947 by 23 countries
- Trade in service, invention, creation and design
- July 2008: 153 member countries

Criticism:

- Not a democratic & transparent institution
- Expands the gap between the rich and the poor
- Endangers national sovereignty

Modern Slavery

- Globalization is based on exploitation of states and of the population → leads to migration
- Due to "price dumping" people are forced to work illegally or to work for the minimum wage
- People in poorer countries dream of becoming rich and are getting fooled by human trafficker

Changes in environmental policy

- CAFÉ → Coffee and Farmers Equity Practices
- Minimize impact on environment, preserving natural resources
- Environmental footprint team
- Increasing commitment to Fairtrade
- Global partner and local partner committed to sustainable development (sustainability)

Global challenges

- Pollution
- Global warming
- Natural resources
- Sustainability
- Human trafficking
- Gender equality
- Terrorism
- Education
- Poverty
- Diseases
- Deforestation

Kyoto protocol

- Global treaty on tackling climate change
- Commits industrialized nations to reduce their emissions of six greenhouse gases

UN

• Definition: world's largest international organization,

HQ located in NYC, 193 member states, General Secretary Ban Ki-Moon

• History:

o 1945: foundation after WW II to replace the League of Nations/ stop wars, platform for dialogue, 51 countries,

• Organs:

o General Assembly: main deliberative assembly

o Security Council: authorizes peace keeping missions, deciding resolutions

o Economic/ Social Council: assisting in promoting international economic and social cooperation and development

o Secretariat: providing studies, information, and facilities needed by the UN

o International Court of Justice: primary judicial organ

• *Task/ aim:*

o Promotion: facilitating cooperation in international

law/ security, economic development, social progress

o Protection: human rights, civil rights, civil liberties, political freedoms, democracy, world peace

o Programs: UNICEF, WHO, WFP, humanitarian aid

o Millennium Declaration: peace, security, disarmament, development, reduction of poverty, spread of democracy/ human rights, environment

• *Peacekeeping:*

o Aim: maintenance of world peace/ security, collective measures against threats

o Classification: preventive diplomacy (examination), appeal (compromise, peaceful solution), non-military measures (sanctions, boycott), military measures (deployment of troops)

o Blue helms: international/ neutral army, troops in areas of conflict

• EU

o Pro-argument: collaborative combat against crime/violation/theft/terror, amelioration/flexibility of economic trade/travel/workplace/education, uniform laws/nature conservation/currency, cultural exchange, conservation of peace, stable growth, unification

o Contra-argument: additional costs, complicated laws, reduced national importance/independence, social inequality/gap, illegal immigration, domino-effect, instability, lack of alternatives

• UN

o Pro-argument: economic (shared cot), political (symbolic function, supranational importance, shared interests, communication, freedom/ security, duty to protect justice), competence (neutral, no interests)

o Contra-argument: economic (high costs, economic interests), political (biased, subjectivity, increase of military solution), competence (veto, blocking free-dom/ lacking participation/ collectivity, individual/

national interest, paradox: duty to keep peace and protect/ respect towards national sovereignty), social (abuse, resistance, lacking help)

Notizen

Notizen

Notizen

Vocabulary

Vocabulary

Vocabulary

Vocabulary

Vocabulary

Vocabulary

Vocabulary

Vocabulary

AUSBLICK

Das Gesamtwerk "Englisch meistern" ist nun zu Ende. Dieses Buch dient dazu, dich zu motivieren, dir eigene Lernstrategien zu erarbeiten – denn das Lernen einer Fremdsprache ist nur möglich, wenn man auch regelmäßig übt und am Anfang sich scheinbar übermenschliche Mühe gibt. Nach einer gewissen Zeit automatisiert sich dieses Lernen, du wirst kaum merken, dass es du gerade dein Englisch verbesserst und dein Wissen steigt exponentiell. Beherzige die Tipps in diesem Buch und erinnere dich daran, dass du dich nicht von heute auf morgen verändern kannst und super Noten erzielen wirst. Wenn du wirklich diszipliniert und zielstrebig bist, wirst du immer bessere Leistungen erzielen. Mithilfe von YouTube-Videos gebe ich dir zusätzliche Tipps für weiteren schulischen Erfolg, also scanne den QR-Code, um zu den Videos zu gelangen.

Printed in Poland
by Amazon Fulfillment
Poland Sp. z o.o., Wrocław

13991510R00136